Gisela Walter   Ich
und meine Familie

Gisela Walter

Ich
und meine Familie
Kinder werden selbstbewußt
und tolerant
Spiele, Lieder und Erfahrungen
für das Zusammenleben
der Generationen

mit Liedern von Gerhard Schöne
und Illustrationen von
Betina Gotzen-Beek

Herder Freiburg · Basel · Wien

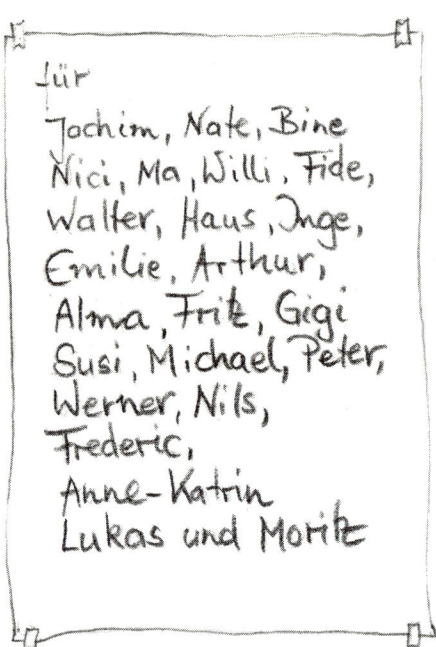

für
Jochim, Nate, Bine
Nici, Ma, Willi, Fide,
Walter, Haus, Inge,
Emilie, Arthur,
Alma, Frik, Gigi
Susi, Michael, Peter,
Werner, Nils,
Frederic,
Anne-Katrin
Lukas und Moritz

Gedruckt auf umweltfreundlichem,
chlorfrei gebleichtem Papier

Umschlaggrafik: Barbara Theis, Freiburg
Textgrafik: Betina Gotzen-Beek, Freiburg
Notengrafik: Nikolaus Veeser, Freiburg

Printed in Germany
© Verlag Herder Freiburg im Breisgau 1999
Satz: Barbara Herrmann, Freiburg
Druck und Bindung: Freiburger Graphische Betriebe 1999
ISBN 3-451-22273-6

Vorwort

Sind Sie sich bewußt, auf welches „Familien-Abenteuer" Sie sich mit der Lektüre dieses Buches einlassen? Die Familie, das sind Eltern, Geschwister und auch Großeltern, na klar! Doch die Familienmuster können auch anders aussehen und zum Beispiel aus der Mama, deren Freund und dessen Tochter bestehen oder aus dem Papa, der Oma, die den Haushalt führt, und vielen Geschwistern.

Von wem reden wir also, wenn wir die Familie meinen? Was soll zum Beispiel ein Kind von seinem Vater berichten, wenn dieser ausgezogen ist und keinen Job hat? Oder was soll ein Kind von seinen Eltern erzählen, wenn die Mami Alleinerziehende ist? Aber auch die Kinder sollen zu Wort kommen, die in einer klassischen Familiensituation aufwachsen, mit Vater, Mutter, Sohn und Tochter.

Das Thema „Familie" beginnt, kompliziert zu werden! Oder?

Wie kann man mit Kindern über deren Familien sprechen, dabei die unterschiedlichen Familienmuster berücksichtigen, Wertung und Moral außen vor lassen und jedes Kind in seiner besonderen Familiensituation bestätigen und bestärken?

Die Lösung liegt im Detail, ist eine Chance und eine Herausforderung an Ihre pädagogische Arbeit und sieht bei den einzelnen Spielen unterschiedlich aus.

Unter diesem Anspruch sind auch Themen bearbeitet wie Scheidung, Arbeitslosigkeit, Geschwisterstreit, Eifersucht, Distanz zu „lieben" Onkels, Sehnsucht nach der Oma, Trauer um den Opa und wie man dem anderen zeigen kann, daß man ihn gerne hat.

Sinn und Zweck der Spiele und Aktionen ist es, den Kindern immer wieder Anlässe zu geben, etwas von ihrer Familie erzählen zu können. Auf diese Weise lernen die Kinder verschiedene Familien mit unterschiedlichen Gewohnheiten kennen. Sie hören, daß andere Kinder gleiche Erfahrungen mit Geschwistern machen, ihre Großeltern auch nur selten besuchen und ähnliche Phantasien und Wünsche von einer glücklichen Familie haben.

Ziel ist auch, den Kindern bewußt zu machen, daß eine Familie Geborgenheit und Sicherheit bieten kann, daß noch mehr Leute zur Familie gehören und als Verwandtschaft miteinander in Beziehung stehen.

Ich wünsche Ihnen, daß es Ihnen gelingt, den Kindern Selbstbewußtsein hinsichtlich der eigenen Familie und Toleranz gegenüber fremden Familien zu vermitteln!

Gisela Walter
November 1998

Inhalt

3. Kapitel
Die große Verwandtschaft 90

1. Kapitel

Bei uns zu Hause

Ich erzähle von mir

„Bei mir zu Hause ..." – so beginnen viele Kindergespräche. Vor allem früh am Morgen, wenn die Kinder ihre Freunde treffen, dann ist das wichtigste Gesprächsthema, was zu Hause alles passiert ist.

Manchmal wird auch ein bißchen übertrieben, und Wirklichkeit und Wunschdenken kommen durcheinander. Wen wundert's? Die Kinder wollen eben den anderen zeigen, was für eine tolle Familie sie sind!

Dazu gibt es bei den Spielen in diesem Kapitel viele Gelegenheiten. Die Kinder können von ihren Familien erzählen, werden die Familien der anderen kennenlernen und dabei selbst entdecken, wie unterschiedlich alle Familien sind und warum die eigene etwas Besonderes ist. Aus dieser Erfahrung heraus spüren die Kinder, wieviel Geborgenheit und Sicherheit ihnen ihre Familie gibt. Und darauf kommt es an!

Das interessiert mich, weil du mir wichtig bist

Die Familie ist für Kinder das Zentrum der Welt. Was sie im Familienkreis erleben, das beschäftigt sie stundenlang. Ihre Gedanken sind voller Familiengeschichten, die sie anderen mitteilen wollen.

Können Sie da immer gut zuhören? Mit anderen Worten, konzentrieren Sie sich bei so einem Gespräch ausschließlich auf den kleinen Erzähler? Schauen Sie ihm zum Beispiel in die Augen – oder streifen Ihre Blicke zwischendurch umher, um auch die anderen Kinder im Auge zu behalten? Bleiben Ihre Gedanken bei dem, was das Kind erzählt – oder schweifen sie immer wieder ab, um nebenher zu überlegen, was es heute noch zu tun gibt?

Manchmal strengt das Zuhören auch an, zum Beispiel, wenn Kinder sehr langsam erzählen oder sehr ausschweifend werden und auf keinen Schlußpunkt kommen. Halten Sie es trotzdem aus und können dem kleinen Gesprächspartner ruhig, geduldig und aufmerksam zuhören? Das beste, was Sie dem Kind dabei schenken können, ist also Ihre Zeit und Aufmerksamkeit.

Plappermäulchen

Die Kinder spüren es, wenn man ihnen nicht aufmerksam zuhört und nur so tut, als ob. Dennoch begnügen sich viele mit dieser Situation und plappern einfach weiter. Was sonst, wenn sie unbedingt etwas erzählen wollen?

Dieses Plappern, ohne darauf zu achten, ob der andere auch zuhört, kann zur Gewohnheit werden, auch unter Gleichaltrigen. Und doch ist das Kinderherz tief gekränkt, die kleine Person fühlt sich nicht ernstgenommen.

Dem gilt es, eine andere Erfahrung entgegenzusetzen, zum Beispiel mit einer Gesprächsrunde, bei der alle Kinder dem Erzähler aufmerksam zuhören.

Weiteres zu diesem Thema siehe Band 2: „Ich und meine Freunde", Seite 86–87.

Von zu Hause erzählen

Morgenkreis, Stuhlkreis oder Kinderkonferenz, so heißen die Gesprächsrunden mit Kindern. Besonders am Montag, wenn die Kinder vor lauter Wochenendgeschichten fast platzen, macht es Sinn, so einen Gesprächskreis einzurichten.

Bewährt hat sich folgende Spielregel: Ein bestimmter Gegenstand, zum Beispiel ein roter Ball, ein großer, runder Kieselstein oder ein bunt beklebter Stab, wird reihum weitergegeben. Wer ihn in die Hand bekommt, ist mit Erzählen an der Reihe; die anderen sind still und hören zu. Wer nichts sagen will, gibt den Gegenstand einfach weiter.

Anfangs meinen die Kinder, es käme darauf an, immer etwas zu sagen. Aber dieser Irrtum wird schnell erkannt, und bald werden nur wenige Kinder den Gegenstand und das Wort ergreifen. Und das sind dann diejenigen, die wirklich etwas auf dem Herzen haben.

Familie
Nach dem Abendessen kuscheln alle zusammen in der Sitzecke, und reihum erzählt jeder, was er heute Besonderes erlebt oder gesehen hat. Doch nur, wer den kleinen Teddybär in der Hand hat, darf reden.

Da wohne ich

Wo ist denn dein Zuhause? Wie kommt man da hin? Wie sieht das Haus von außen aus, wie ist die Wohnung drinnen?

Bei den Antworten der Kinder kommt es hier nicht auf die sachlich genaue Darstellung an oder wer in einer großen Villa oder in einer kleinen Hochhauswohnung wohnt. Sondern darauf, welche Besonderheiten die Kinder beachten und sehen. Das kann zum Beispiel im Treppenhaus das breite Geländer sein, auf dem man so toll herunterrutschen kann, was eigentlich verboten ist; oder in der Wohnung das Versteck hinter dem Sofa, dort liegt nämlich die Schatzkiste mit den gesammelten Ferienschätzen.
Solche Besonderheiten interessieren auch die anderen Kinder. Das ist ihre Welt, das finden sie spannend! Und neugierig werden sie Fragen stellen. Dazu dieses Spiel.

Erzähl- und Fragespiel

Ein Kind erzählt etwas von zu Hause, was ihm gerade einfällt. Dann wirft es einem Mitspieler einen Ball zu. Dieser darf jetzt dem Erzähler eine Frage stellen. Nach der Antwort berichtet der Ballbesitzer auch etwas von seinem Zuhause und wirft dann den Ball einem anderen Kind zu, das mit Fragen und neuen Geschichten weitermacht.

Mein Nachhauseweg

„Was siehst du alles auf deinem Heimweg?" Till möchte auf diese Frage als erster loslegen. Er nennt alle Straßen und Kreuzungen und viele Einzelheiten, wie den Brunnen an der Ecke, den Briefkasten daneben, den Bäckerladen, wo es morgens so gut nach Brot riecht, das Gartentor mit dem kläffenden Hund und den Kiosk mit den vielen Süßigkeiten.
Manche Träumerlein können nicht so genau und ausführlich ihren Weg beschreiben. Andere Kinder kennen nur das Auto, mit dem sie zum Kindergarten oder zur Schule gebracht und wieder geholt werden. Macht nichts, sicher wird beim nächsten Heimweg die Aufmerksamkeit größer sein.
Haben die Kinder Lust, eine Skizze von ihrem Heimweg anzufertigen? Mit den Straßen, Häusern und Sachen, die ihnen auf ihrem Weg auffallen?
Wer will auf einem Stadtplan nachschauen? Da gibt es dann viel zu besprechen, zum Beispiel, wer den längsten oder den kürzesten Weg hat, wer auf viele Verkehrsampeln achten muß, wer an Geschäften vorbeikommt und wer allein durch eine Parkanlage gehen muß.

So sieht es daheim aus

Die Kinder schließen ihre Augen: „Stell dir vor, du stehst vor deinem Haus. Wirst du klingeln, oder hast du einen Schlüssel für die Haustüre? Wenn du in die Wohnung kommst, was machst du zuerst? Ist jemand zu Hause und begrüßt dich? Jetzt gehst du in Gedanken ins Wohnzimmer. Was siehst du? Hast du auch ein Kinderzimmer? Willst du dorthin gehen und uns davon erzählen? Wo liegen deine Spielsachen? Was siehst du, wenn du aus dem Fenster schaust?"

Mit diesen Fragen lenken Sie die Gedanken der Kinder nach Hause. Jetzt sehen sie in ihrer Phantasie alles ganz genau und können viel erzählen.
Klar, daß jedes Kind an die Reihe kommt. Vielleicht berichten heute nur fünf Kinder, morgen wieder fünf, die ganze Woche lang.
Und wer die Wohnung oder sein Kinderzimmer malen möchte, der kann gleich damit loslegen und später den anderen seine Zeichnung erläutern.

Die Kinder lernen bei diesem Spiel und den beiden folgenden, ihre Wohnraume als Lebensräume bewußt wahrzunehmen, darüber zu reden und Neues und Ungewohntes von anderen Wohnungen zu erfahren.

Puppenhaus – Modell

Sophie macht es mehr Spaß, wenn sie mit Puppenstubenmöbeln das Wohnzimmer nachstellt und so den anderen ihr Zuhause anschaulich zeigt. Zimmerwände braucht es nicht, die können sich alle dazudenken.
Und wieder ist nicht wichtig, ob die Details stimmen.

Phantasie-Zimmer

Hier kann jedes Kind wie ein Architekt ein Zimmer skizzieren und einrichten. Das Blatt Papier wird zuerst gefaltet und geschnitten, wie es auf der Zeichnung dargestellt ist. Das Haus wird von außen angemalt, dann werden die beiden Wände aufgeklappt, und ein wunderschönes Zimmer kann mit Buntstiften hineingezaubert werden.

15

Wir sind es, die zusammenwohnen

Zu einer Familie gehören Mama, Papa, ein Kind oder zwei oder mehrere Kinder. So sieht das traditionelle Familienmuster aus, so wird es in den meisten Bilderbüchern und Geschichten beschrieben.

Doch bei vielen Kindern ist die Familie ganz anders zusammengesetzt.

Da ist zum Beispiel die Mutter ausgezogen, und Vater und Sohn leben alleine. Ist jetzt die Familie nur noch eine halbe? Und wie heißt die Wohngruppe der alleinerziehenden Mutter mit ihren zwei Kindern? Ist das keine Familie mehr, weil der Vater fehlt?

Solche Fragen werden die Kinder stellen, wenn sie von anderen Familiengemeinschaften hören.

Und bevor Sie mit den Kindern Familiengeschichten austauschen, sollten Sie sich bewußt machen, in welchen Familiensituationen die Kinder Ihrer Gruppe aufwachsen. Und wie werten Sie?

Akzeptanz ist gefragt!

Ja, der Anspruch an Sie und Ihre Gesprächsführung ist hoch! Denn es ist Ihre Aufgabe, die Kindergespräche sensibel zu führen, Vorurteilen entgegenzuwirken, negative Wertungen abzuwehren und gegenseitige Akzeptanz und Toleranz zu vermitteln.

Etwas andere Familiengeschichten

„Erzählt etwas von zu Hause, von eurer Familie, von Mutter oder Vater!"

Mit dieser Aufforderung kann man unter den Kindern Aufregung und Betroffenheit auslösen. Denn während die einen Kinder fröhlich drauflos plaudern und lustige Geschichten von Eltern und Geschwistern zum besten geben, könnten andere Kinder verstummen. Warum das? Sie leben nicht mit ihrem Vater oder ihrer Mutter zusammen. Worüber sollen sie also berichten?

Ihre Geschichten hören sich so an:

Sandra lebt allein mit der Mutter, sie weiß nicht, wer ihr Vater ist, das möchte die Mutter nicht sagen.

Marco und Daniel leben bei ihrem Vater, weil die Mutter fortging. Keiner weiß, warum.

Melissa lebt zusammen mit ihrer Mutter und deren Freund, ihr Vater ist ausgezogen, ihre Eltern sind noch nicht geschieden.

Tim und Olaf haben einen anderen Vater als Nena, doch alle drei sind Geschwister und leben mit der Mutter und Nenas Vater zusammen.

Max und Lisa wohnen mit ihrer Mutter bei der Großmutter, die führt den Haushalt, die Mutter geht arbeiten, der Vater lebt nicht mehr.

Silke und Tanja leben wochentags bei ihrer Mutter, am Wochenende beim Vater.

Andere Zeiten

Die Zeiten haben sich geändert und die Familien mit ihnen! Die Kinder kennen es nicht anders. Sie fühlen sich wohl und sind gern zu Hause. Es sind die Erwachsenen, die die Werte setzen.

Anders ist es bei Kindern, die erst seit kurzer Zeit mit einem Elternteil alleine leben müssen. Da ist der Trennungsschmerz groß, die Trauer noch nicht verarbeitet. Diese Kinder sind oft sehr unglücklich, ängstlich, verunsichert und sogar aggressiv. In diesem Fall sind von Ihrer Seite Hilfe und Unterstützung dringend nötig. Anregungen zu problemorientierten Gesprächen mit Kindern finden Sie auf Seite 42.

Familienvorstellung

„Bei mir zu Hause wohnen ..." – so beginnt der Satz, und reihum stellt jedes Kind den anderen seine Familie vor, also die Personen, mit denen es zusammenlebt. Mitmachen ist freiwillig! Wenn einer nicht will, machen Sie kein Problem daraus!
Vielleicht braucht ein Kind jetzt Ihre Unterstützung, um von seinem Zuhause genauso ungeniert und ungehemmt berichten zu können wie die anderen?
Vielleicht muß ein Kind auch erst gründlich nachdenken, bevor es mit Sprechen beginnt? Für Sie könnte dies ein Anlaß sein, später mit dem Kind allein über seine Familie zu reden. Vielleicht will es etwas verheimlichen, hat Ängste oder Probleme.
Auf den beiden nächsten Seiten sind weitere Spielformen aufgeführt, bei denen die Kinder den anderen ihre Familien vorstellen können.

17

Das ist meine Familie

Familien-Fotowand

Jedes Kind bringt Fotos mit von seiner Familie und den Personen, mit denen es zu Hause zusammenlebt. Ein Gruppenbild ist genauso gut wie mehrere einzelne Fotos. Für jede Familie wird ein Kartonpapier bereitgelegt, auf das die Fotos draufgeklebt werden.

„Das ist Jaspers Familie", steht auf Jaspers Familienbild, das er noch mit Blumen bunt verziert hat. Auf seinen Fotos sind er, seine Schwester Jette, seine Mama, sein Papa und die Oma zu sehen. Denn die kommt oft zu Besuch und gehört auch zur Familie, erklärt Jasper.

Alle Familien-Foto-Blätter werden an der Pinnwand befestigt. Wer will als erster seine Familie vorstellen?

Papierfamilie

Die Familienmitglieder werden einzeln auf schmale Pappstreifen gemalt. Unten einen Steg frei lassen und so umknicken, daß die Figur stehen kann. Zum Schluß alle Figuren auf einer Pappunterlage aufstellen und am Steg festkleben.

Zum Ausschmücken des Familienbildes können die Kinder aus Zeitschriften bunte Motive ausschneiden, ebenfalls einen Steg umknicken und aufkleben, zum Beispiel Bäume, einen Streifen mit Wiesenblumen als Vordergrund oder eine Berglandschaft als Hintergrund.

Alle Familienbilder werden aufgestellt, die Familienvorstellung kann beginnen.

„Mami ist eine Rose …

… weil sie immer so gut riecht; Papa ist ein Kaktus, weil seine Barthaare pieken, wenn wir schmusen; der großer Bruder Jan ist ein Löwenzahn; die kleine Schwester Kerstin ein Gänseblümchen; und ich bin eine Sonnenblume, weil ich genauso groß bin und Gelb meine Lieblingsfarbe ist."

So erklärt Lena ihr Blumenbild. Zur Entstehung dieses Bildes trug folgende Geschichte bei, die Sie auch Ihren Kindern erzählen können:

„Es gibt einen Zauberer, der die Menschen in Blumen verwandelt, sobald sie seinen Zaubergarten betreten. Ein Schmetterling kann die Familie retten, indem er von einer Familienblume zur anderen fliegt und mit der Berührung seiner Fühler alle wieder erlöst.

Wenn deine Familie in den Zaubergarten käme, in welche Blumen würden deine Leute verzaubert werden?"

Für die Kinder ist dies ein einfaches Phantasie-Malspiel. Für Sie aber ist es mehr, denn die Bilder sagen viel darüber aus, wie das Kind sich und seine Familie wahrnimmt, wie und wo es sich in der Familie einordnet und zu wem es welche Beziehung hat: Steht das Blumen-Kind groß und bunt in der Mitte des Bildes oder klein und unscheinbar am Rande des Familiengeschehens? Vielleicht entdecken Sie sogar ein viel zu kleines Blümchen, das Sie mehr beachten und fördern müssen!

Familienzoo

Ein andermal werden alle Familienmitglieder in Tiere verwandelt.

19

Liebe, liebe Mami

„Die Mama ist die Liebste!" sagt Moritz, und seine Kulleraugen strahlen. Sein Kontakt zur Mutter ist innig und stimmig: „Sie kann mich so schön trösten und die besten Kuchen backen, und ich darf zu ihr ins Bett schlüpfen!"
So oder ähnlich werden die Kinder ihre Beziehung zur Mutter beschreiben.
Ja, die Mutter gehört zu den wichtigsten Bezugspersonen der Kinder! Ein guter Grund, einmal intensiver über die Mütter zu sprechen, und das nicht nur am Muttertag. Die Ideen auf dieser Seite geben Anregungen dazu. Sie sind sicher nur ein Anfang für ein weitreichendes Thema: die Mutter.
Doch es gibt auch Kinder, die ihre Mütter nicht mögen und sich ihnen gegenüber zurückziehen. Wenn Sie ein solches Verhalten beobachten, sollten Sie in einem Gespräch mit der Mutter die Situation aufklären. Vielleicht braucht auch die Mutter Ihre Hilfe?

Jede Mutter ist anders

Das wird den Kindern besonders deutlich, wenn sie dieses Kreis-Gespräch miteinander führen.
Sie sind die Spielleiterin und stellen eine Frage oder beginnen mit einem Satz. Die Kinder beantworten die Frage oder beenden den Satz. Es geht reihum, einer redet, die anderen hören zu. Jeder hat Zeit zum Nachdenken und Antworten. Wem nichts einfällt, der sagt es, und der nächste ist dran. Mit einem Redestab, siehe Seite 13, geht es einfacher.
Lassen Sie sich immer wieder neue Fragen einfallen, Lustiges und Ernstes, hierzu Beispiele:

Spielregel: Fragen beantworten

- Wohin möchtest du mit deiner Mutter verreisen?
- Wenn du zaubern könntest, was würdest du für deine Mutter herbeizaubern?
- Wann schimpft deine Mutter?

Spielregel: Satz ergänzen

- Meine Mami kann ...
- Am liebsten spiele ich mit Mama ...
- Meine Mum ärgert sich, wenn ich ...
- Meine Mutter freut sich, wenn ...

Spielvariante: Ein andermal wird der Vater die Hauptperson des Spieles sein.

Meine und deine Mami …

Wieder ein Frage-und-Antwort-Spiel, diesmal werden die Kinder bei ihren Müttern Gleiches entdecken.

Jetzt wird allen Kindern eine Frage gestellt, und die Kinder strecken ihre Arme in die Höhe, wenn sie diese Frage mit „Ja" beantworten können. Hierzu Beispiele:

– Hat deine Mutter schwarze Haare?
– Kann deine Mutter radfahren?
– Kann deine Mutter Spaghetti kochen?
  (Da werden alle Kinder ihre Arme in die Höhe werfen!)
– Singt Deine Mutter mit dir Lieder?
– Schaut deine Mama mit dir Bücher an?
– Fährt deine Mutter mit der Rakete einkaufen?
  (Und jetzt wird niemand seine Arme hochstrecken, oder ein Träumerlein vielleicht?)
– Geht deine Mutter morgens zur Arbeit?

Ältere Kinder können nach kurzer Zeit selbst die Spielleiter-Rolle übernehmen und eigene Fragen stellen. Interessant, was sie alles wissen wollen!

Was Mama alles macht

Wie genau kennen die Kinder das tägliche Leben ihrer Mutter? Es macht Sinn, auch mal den Alltag aus der Sicht der Mutter zu betrachten, dazu dieses Spiel: Wit zählen alles auf, was die Mutter am Tag macht, schön der Reihe nach:
Aufstehen, waschen, Kinder wecken, Kleider zurechtlegen, Frühstück machen …
Wenn die Mutter zur Arbeit geht, sieht der Tagesablauf ein bißchen anders aus. Probieren wir es noch einmal: Aufstehen, Frühstück richten, Pausenbrote schmieren …
Und wenn die Mutter zu Hause ein kleines Geschwisterchen zu versorgen hat, dann verläuft so ein Tag wieder anders. Wer von den Kindern kann jetzt mitreden?

Mamas Heinzelmännchen

Ganz schön viel hat eine Mutter zu Hause zu tun! Ob den Kindern etwas einfällt, was sie ihr bei den Hausarbeiten helfen können? Jeder zeichnet auf ein Blatt Papier das, was er gleich heute abend machen will und nimmt seinen Zettel mit nach Hause, damit er es nicht vergißt. Am anderen Tag wird nachgefragt!
Wollen die Kinder sich heute noch einmal eine Heinzelmännchen-Arbeit ausdenken?

Mami

Text und Melodie: Gerhard Schöne

Ich sitz' ger-ne auf der Schau-kel und im weichen Frühlingsmoos.
Hab' schon im-mer Kä-se-piz-za und Va-nil-le-eis ge-mocht.

Doch am al-ler-lieb-sten sit-ze ich bei Ma-mi auf dem Schoß.
Doch am al-ler-be-sten schmeckt es, wenn mir Ma-mi Nu-deln kocht.

Ma-mi, Ma-mi ganz al-lein, Ma-mi, Ma-mi, Ma-mi-lein.

Ich sitz' gerne auf der Schaukel
und im weichen Frühlingsmoos.
Doch am allerliebsten sitze
ich bei Mami auf dem Schoß.
Hab' schon immer Käsepizza
und Vanilleeis gemocht.
Doch am allerbesten schmeckt es,
wenn mir Mami Nudeln kocht.

Mami, Mami ganz allein,
Mami, Mami, Mamilein!
Mami, Mami ganz allein,
Mami, Mami, Mamilein!

Schön sind Schönheitsköniginnen
und Prinzessin Tausendschön.
Aber tausendmal viel schöner
noch ist Mami anzusehn.
Ich kraul' gerne kleine Kätzchen,
schlaf' in Teddys Armen ein.
Doch am allerliebsten kuschle
ich mit Mami ganz allein.

Mami, Mami, ganz allein,
Mami, Mami Mamilein!
Mami, Mami, ganz allein,
Mami, Mami, Mamilein!

Lehrer wissen eine Menge,
Professoren sind sehr schlau.
Doch noch mehr weiß meine Mami,
das weiß ich nun ganz genau.
Ich mag Papa und auch Oma,
wenn sie mir so viel erzählt.
Doch am allerallerliebsten
hab' ich Mami auf der Welt.

Mami, Mami, ganz allein,
Mami, Mami, Mamilein!
Mami, Mami, ganz allein,
Mami, Mami, Mamilein!

Mein Papa

Papi ist der Größte! Dieser Meinung sind viele Kinder. Nicht nur, weil der Vater normalerweise der Längste der Familie ist, sondern auch, weil er so stark ist und gleich zwei Sprudelkästen übereinander tragen kann. Manche Kinder behaupten sogar, ihr Vater könne durch die Wolken fliegen und mit einem Rennauto durch die Wüste rasen. Gelogen? Besser gesagt: Ein bißchen übertrieben! Denn für Kinder ist dies nur eine Beschreibung dafür, wie supertoll sie ihren Papi finden.

Die Begeisterung für den Vater teilen nicht alle Kinder. Manche haben Angst vor ihm, vor seiner Strenge und seinen Strafen. Sind die Kinderängste berechtigt, sollten Sie sich um die Familie kümmern, dem Kind zuliebe! Beginnen Sie mit einem Elterngespräch, bei dem Sie als Unterstützung eine Kollegin oder Fachberaterin hinzuziehen.

Interview mit Papi

Wie genau kennen die Kinder ihren Vater? Bei diesem Spiel werden sie ihn bestimmt noch ein bißchen besser kennenlernen!

Welches Hobby hat der Vater? Kann er kochen? Geht er gerne wandern oder lieber Fußball spielen? Hätte er gerne ein Motorrad? Hat er als Kind Streiche gemacht?

Diese und noch mehr verrückte Fragen können die Kinder ihrem Vater höchstpersönlich stellen. Praktisch wäre es, wenn das Interview mit einem Recorder aufgenommen wird. Weil Väter sich meistens im Umgang mit Kassettenrecordern auskennen, werden sie dabei behilflich sein. Wenn nicht, weiß es sicher die Mama!

Kindergarten
Zuerst werden gemeinsam Fragen gesammelt, dann entscheidet sich jedes Kind für eine oder zwei Fragen oder so viele, wie es sich eben merken kann.

Schule
Schulkinder notieren sich die Fragen, die sie ihrem Vater stellen wollen.

Da staunt der Papa

Im gemeinsamen Spiel können Vater und Sohn oder Tochter immer wieder neue, intensive Kontakte miteinander knüpfen. Das ist vor allem dann wichtig, wenn die Väter seltener zu Hause sind. Und wie gerne wollen Kinder mit ihrem Vater spielen! Aber der hat vielleicht nach einem langen Arbeitstag keine Lust und manchmal auch schlechte Laune oder ist viel zu müde.

Wie wäre es mit dieser Idee: Die Kinder zeigen ihrem Vater Spiele, bei denen er weiterhin in seinem Sessel sitzen und die Füße langstrecken kann. Aber auf seinen Knien passieren allerlei Zauber- und Rätseltricks. Der Papa braucht nur zuzuschauen, doch wird er bald staunen und seinen Augen nicht trauen, was da alles passiert! Vielleicht macht ihn das munter und gutgelaunt? Das wäre der Anfang für eine lustige Spielrunde am Abend oder sonntags nach dem Frühstück.

Zeigen Sie den Kindern diese Spiele und üben Sie ein bißchen miteinander, so daß der kleine Unterhaltungskünstler bestens vorbereitet ist für seine Spielanimation mit Papi.

„Kannst du mit einem Strich ein Haus malen? Ich kann das!"

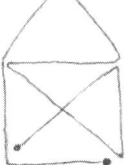

„Kannst du mit einem Streichholz eine ganze Schachtel hochheben? Ich kann das!"

„Kannst du durch eine Postkarte krabbeln? Ich kann das!"

Ein Gummiband liegt zuerst über dem Ringfinger und dem kleinen Finger und schwupp – liegt es über dem Zeige- und Mittelfinger. Dieser verblüffende Trick geht so: Das Gummi wird zuerst über zwei Finger gelegt und hängt in der Handinnenfläche herunter. Nun schiebt man alle vier Finger in diese Gummischlaufe. Dem Zuschauer aber zeigt man nur den Handrücken! Und jetzt streckt man schnell alle vier Finger in die Höhe – und der Gummiring springt auf die beiden anderen Finger.

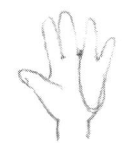

Die Super-Papas

Text und Melodie: Gerhard Schöne

G⁷ C G⁷ C

Mein Pa-pa, der springt sie-ben Me - ter!

C G⁷ C

Ist doch gar nichts! Kann doch je - der!

A Dm

Mein Pa-pa hat sol - che Kraft,

C G⁷ C

daß er hun-dert Me - ter schafft.

Mein Papa, der springt sieben Meter!
Ist doch gar nichts! Kann doch jeder!
Mein Papa hat solche Kraft,
daß er hundert Meter schafft!

Mein Papa, der hebt eine Tonne
hoch und wirft sie bis zur Sonne!
Meiner schmeißt ein ganzes Haus
aus dem Universum raus!

Mein Papa, der beißt Eisenkähne
durch, nur mit der Kraft der Zähne!
Mann, ist doch ein Kinderspiel,
meiner beißt zehnmal so viel!

Die Papas kommen an und fragen:
Kinder, helft ihr uns beim Tragen?
Wir sind wieder so geschafft,
haben einfach keine Kraft!

27

Ganz die Mama!

Diesen Spruch muß Anne-Katrin oft hören. Ja, sie sieht auch wirklich aus wie ihre Mutter, die gleichen Sommersprossen, die gleiche Nase, der gleiche Lockenschopf, der gleiche hüpfende Gang, das gleiche leise Lachen. Anne-Katrin freut sich darüber, denn ihre Mama mag sie sehr!

Allerdings kann sie nicht ständig und überall diesen Spruch hören, weil sie auch selber jemand sein möchte, sie selbst, und nicht eine Kopie der Mutter! Das empfindet das Mädchen ganz richtig: Ähnlichkeiten oder Gleichheiten zwischen Eltern und Kindern sind wichtig, fördern eine gute Beziehung, geben Sicherheit. Aber genauso wichtig sind für eine Persönlichkeitsentfaltung Abgrenzung und Individualität. Die Kinder müssen auch erleben und erkennen, daß sie eine eigenständige Person sind mit eigenen Besonderheiten.

Um Gleiches und Unterschiedliches von sich und den Eltern aufzuspüren, dafür sind die folgenden Spielideen geeignet.

Gleich oder anders?

Sehen Mutter und Tochter oder Sohn wirklich gleich aus? Dies zu erforschen, ist eine richtige Hausaufgabe, auch für die Kindergartenkinder. Auf ein Blatt Papier wird ein Gesicht gemalt, mit Augen, Nase und Mund usw. Das ist so etwas wie ein Spickzettel!

Und die Aufgabe lautet: Mit diesem Zettel in der Hand lockt das Kind seine Mama zum Spiegel. Dann schauen sich beide an und vergleichen zum Beispiel Augen, Haare, Nase usw. Alle gleichen Gesichtszüge werden auf dem Spickzettel rot eingekreist.

Na, was bleibt übrig und ist ganz und gar ein eigenes Merkmal von Tochter oder Sohn?

Am anderen Tag kommt der Vater dran, die Spielregeln bleiben gleich.

Ergänzende Spielanregungen siehe Band 1: „Ich", auf den Seiten 14 und 20.

Genau wie Mama!

So wie Papa beim Telefonieren lässig am Türpfosten lehnt, ein Bein über das andere gestellt, genauso steht auch Simon da, wenn er telefoniert. Solche Verhaltensweisen werden von den Kindern normalerweise nicht bewußt nachgespielt, sondern durch interessiertes Schauen und Beobachten unbewußt nachgeahmt.

Einmal darauf aufmerksam gemacht, finden die Kinder sicher ein paar „Gewohnheiten", von denen sie wissen, daß sie es „tupfengleich" oder ganz anders machen als Papa und Mama. Daraus kann sich ein lustiges Gespräch mit den Kindern entwickeln – und sogar ein Pantomimespiel. Denn wenn die Worte nicht mehr ausreichen, das gleiche oder unterschiedliche Verhalten zu beschreiben, dann wird es eben vorgespielt.

Zum Verwechseln ähnlich

Da staunen die Kinder, wenn sie ihre Baby- oder Kinderfotos mit denen ihrer Eltern im gleichen Kindesalter vergleichen. Manchmal muß man wirklich fragen: Wer ist wer?

Also, muntern Sie die Kinder dazu auf, von sich und von Mama und Papa Babyfotos mitzubringen. Ein Elternbrief unterstützt dieses Vorhaben.

Dann werden die Fotos nebeneinander gelegt und verglichen. Die anderen Kinder müssen raten, wer nun Vater, Mutter, Sohn oder Tochter ist! Das ist gar nicht immer einfach zu erkennen, und eine Verwechslung um so spaßiger!

29

Papa ist arbeitslos

Das ist es, was Stephanie den anderen Kindern von ihrem Vater zu erzählen weiß. Sie weiß noch mehr, zum Beispiel, daß ihr Vater gerne arbeiten will und jetzt nach neuer Arbeit sucht, daß der Betrieb ihres Vaters geschlossen wurde und alle Arbeiter entlassen sind, und daß ihre Familie nun sparen muß, bis der Vater wieder neue Arbeit hat.

Stephanie hat keine Scheu, mit den anderen Kindern über ihre schwierige Familiensituation zu reden. Kompliment an die Eltern! Diese Familie wird die schwere Zeit bestimmt gut überstehen.

Und wenn Sie bei Ihrer Kinderschar ähnliches beobachten, dann mischen Sie sich ruhig ein. Vielleicht wagt es dann ein anderes Kind auch, endlich zu erzählen, daß seine Eltern arbeitslos sind. Weitere Gedanken und Anregungen für Gespräche und Aktivitäten, mit denen Sie dem Kind und seiner Familie helfen können, finden Sie auf den nächsten drei Seiten.

Ein Tabu-Thema?

Viele betroffene Väter und Mütter reden nicht gerne über ihre Arbeitslosigkeit. Sie sehen darin sogar einen Makel, fühlen sich minderwertig. Besser, niemand erfährt davon, und die Sache bleibt als private Familienangelegenheit geheimgehalten.

Doch die Belastung ist groß, und die Kinder kommen in verzwickte Situationen: Wie zum Beispiel sollen sie ihren Freunden begründen, daß der Papa jeden Tag zu Hause ist, das große Auto verkauft werden soll und der nächste Urlaub ausfällt?

30

Alles verändert sich

Wenn der Vater arbeitslos ist, dann kann sich vieles im Familienleben ändern. Um das besser zu verstehen, sollten Sie mit den Kindern darüber sprechen und das veränderte Verhalten an einem Beispiel erklären:

Der Vater verändert sich
Er möchte etwas tun, nützlich sein und nicht zu Hause herumsitzen. Er ärgert sich, wird gegenüber der Familie strenger und intoleranter, weil er mit seiner Situation nicht zufrieden ist.

Die Mutter verändert sich
Sie wird ernster, spricht vom Sparen. Sie möchte ihrem Mann gegenüber Verständnis zeigen, aber auch die Kinder vor zu strenger Behandlung schützen. Sie ist mit dieser Rolle überfordert.

Die Kinder verändern sich
Sie spüren die Sorgen der Eltern, sie bekommen Angst, ziehen sich zurück, werden aggressiv gegenüber anderen Kindern, denen es scheinbar besser geht.

Das Familienleben ändert sich
Früher saß die Familie abends zusammen, erzählte einander Geschichten vom Tage. Heute sind die Eltern stumm, nur der Fernseher dröhnt. Es gibt keinen Urlaub, keinen Ausflug, keine Wünsche, keine Geschenke!

Eltern in Not

Auch wenn die Eltern nichts von ihrer Notlage erzählen, so gibt es doch einiges, das Sie beachten könnten, um die Situation der Familie einzuschätzen und Ihre Hilfe anzubieten. Es sind nicht nur die plötzlich auftretenden Verhaltensauffälligkeiten der Kinder, sondern auch „Signale" wie diese:

- Wenn bei Tagesausflügen das Kind nicht mitfahren darf (weil die Fahrtkosten zu teuer sind);
- wenn an seinem Geburtstag das Kind plötzlich krank gemeldet wird (weil eine Geburtstagsparty unbezahlbar ist);
- wenn das Kind vom Mittagessen in der Kita abgemeldet wird (weil ein mitgebrachtes Butterbrot billiger ist und am Essen gespart wird);
- wenn das Kind von Kursen wie Schwimmen oder Musikerziehung abgemeldet wird (weil der Kurs nicht mehr gezahlt werden kann);
- wenn Andeutungen gemacht werden, daß das Kind bald zu Hause betreut wird (weil das Geld nicht für den Monatsbeitrag reicht).

Wie und wer helfen kann, steht auf den nächsten beiden Seiten.

Da kann man
doch helfen

Zwar können Sie nicht dem arbeitslosen Vater eine neue Stelle vermitteln und der Mutter zu einer neuen Arbeit verhelfen, aber Sie können die Situation für die ganze Familie erträglicher machen, den Eltern bei der Suche nach Unterstützungen behilflich sein und vor allem den Kindern helfen, diese Zeit besser durchzustehen! Dazu einige Anregungen.

Mit den Kindern darüber reden

Versuchen Sie, den Kindern zu erklären, wie Arbeitslosigkeit entsteht und was man unternehmen kann, um neue Arbeit zu bekommen. Beschreiben Sie mit einfachen Worten auch die Tätigkeiten im Arbeitsamt, wie man neue Stellen findet und wieso Betriebe schließen oder Arbeiter entlassen werden müssen.

Mit den Eltern sprechen

● In einem Elterngespräch gemeinsam nach möglichen Hilfen suchen; das können Verwandte, Nachbarn oder Freunde sein, die die Kinder immer wieder einladen, mit ihnen an Wochenenden Ausflüge machen und die kleine Schar mit in Urlaub nehmen.
● Gemeinsam zur Familienberatung oder zum Sozialamt gehen und nach allen nur möglichen Unterstützungen fragen, auch eine Fachberatung konsultieren, nach Ausnahmen fragen.
● Gemeinsam nach kostenlosen Bildungs- und Freizeitangeboten für die Familie und die Kinder suchen.
● Gemeinsam Anträge für Zuschüsse aller Art stellen, auch fürs Mittagessen in der Kita oder für Ausflugsfahrten der Schule.

Veränderungen im Kita-Alltag

- Keine kostenaufwendigen Ausflüge mehr planen, auch in der nächsten Umgebung der Kita gibt es Interessantes anzuschauen.
- Einen Solidaritätsfonds einrichten, um daraus Sonderausgaben für die Familie zu bezahlen. Ein Elternverein könnte diese Aufgabe übernehmen.
- Einen Kinderflohmarkt einrichten und andere Aktivitäten ausdenken, bei denen die Kinder zusätzlich Gelder einnehmen, mit denen der nächste Ausflug, das Mittagessen oder das Bastelgeld bezahlt wird. Auch hier sollte eine Elterninitiative die Organisation und die Geldeinnahmen regeln, damit Sie nicht mit dem Kita-Träger in Konflikt kommen.

- Den Kindern viele Spiele zeigen und Anregungen für Bastelsachen geben, die man ohne großen Materialaufwand durchführen kann, zum Beispiel Basteln und Experimentieren mit selbstgesammeltem Naturmaterial. Es sollen Ideen sein, die die Kinder auch zu Hause durchführen können.
- Das Selbermachen höher werten als das Kaufen.
- Modetrends und teure Kleidung nicht mehr so wichtig nehmen.
- Die Kita für Elternbesuche öffnen, Väter und Mütter sind tagsüber herzlich willkommen – und sogar sehr begehrt, denn es gibt in der Kita so viel zu tun. Mehr dazu siehe Kapitel 4.

Ich habe Geschwister!

Die Kinder unterhalten sich: Max ärgert sich über seine große Schwester, die immer bestimmen will; Melanie findet ihren kleinen Bruder doof, weil er ihre Spielsachen wegnimmt; nur Lena kann ihr kleines Schwesterchen ganz gut leiden und führt es gern spazieren. Ein eifriges Gespräch ist im Gange – für Sie der richtige Augenblick, den Kindern ein Spiel, wie auf den folgenden Seiten beschrieben, vorzuschlagen.

Hier lernen die Kinder, ihre eigene Position im Geschwister-Reigen zu finden und eine autonome Beziehung zu Bruder und Schwester aufzubauen.
Ja, Geschwister sind nun mal verschieden. Und deshalb ist es nicht selbstverständlich, daß sich alle gut verstehen. Manche Kinder glauben sogar, sie hätten es mit ihren Geschwistern besonders schwer. Daß dem nicht so ist, werden die Kinder jetzt selbst erfahren und hören. Denn auch andere Kinder haben Probleme mit Schwestern oder Brüdern. Aber wenn es drauf ankommt, dann halten sie doch zusammen!

Geschwister-Reigen

- Wer ist der Älteste unter den Geschwistern?
- Wer ist der Jüngste?
- Wer steht in der Geschwisterreihe mittendrin?
- Wer hat mehrere Geschwister?
- Wer ist zu zweit?
- Wer hat keine Geschwister?

Das Spiel geht so:
Sie stellen die Frage, und die Kinder antworten mit Aufstehen oder Handzeichen! Jetzt können die Kinder genau sehen, wer aus der Gruppe ein „Leidensgenosse" ist.

Und der Erfahrungsaustausch unter Gleichen bringt den Kindern interessante Erkenntnisse. Hierzu das nächste Spiel:

34

Erfahrungsaustausch

Schnell werden die Kinder bei diesem Spiel merken, daß es anderen Kindern mit ihren Geschwistern ähnlich oder genauso geht wie ihnen selbst. Geteiltes Leid ist halbes Leid: Die Ältesten zum Beispiel fühlen sich immer von den Jüngeren gestört und ärgern sich sehr darüber, auch weil sie immer auf die Kleinen Rücksicht nehmen sollen. Die Jüngeren hingegen fühlen sich den Älteren gegenüber unterlegen, weil diese schneller, größer und stärker sind. Die Mittleren haben es doppelt schwer, denn sie müssen sich nach oben und nach unten abgrenzen.

Das Spiel dazu geht so:
Alle Kinder, die einen großen Bruder haben, kommen in die Mitte und setzen sich im Kreis auf den Boden. Die anderen Kinder scharen sich außen herum. Das Gespräch im Innenkreis beginnt, reihum erzählen die Kinder etwas von ihren großen Brüdern. Als Spielleiterin stellen Sie die Fragen, zum Beispiel: „Wie heißt dein Bruder?"
„Mein großer Bruder heißt Jan!" antwortet Jonas und gibt einen Ball an seinen Nebensitzer weiter. „Mein großer Bruder heißt …!" So geht die Vorstellung im Kreis herum.
In der nächsten Runde fragen Sie vielleicht, was der große Bruder besonders gut kann. In der dritten Runde geht es darum, was die Kinder besser als der große Bruder können. Weitere Fragen könnten sein:
– Wann hilft dir dein Bruder?
– Wie ärgert dich dein Bruder?
– Hat dein Bruder dich mal beschützt?

Nach diesem Spiel werden die Kinder in die Kreismitte gebeten, die eine große Schwester haben, ein andermal geht es um kleine Geschwister oder um ein neugeborenes Geschwisterchen.
Die Spielregel bleibt gleich: Sie stellen Fragen, alle, die im Innenkreis sitzen, geben Antworten, die anderen hören einfach zu.

Gleichgesinnte

Wollen die Kinder noch mehr über ihre Geschwister erzählen? Hierzu weitere Spielideen:

Gleichgesinnte finden sich

Ein Kind überlegt sich kurz seine Position im Geschwister-Reigen und sucht dann andere Gleichgesinnte:
Es rennt los, fängt ein anderes Kind und fragt dieses, ob es auch das älteste Kind der Familie ist. Wenn „Ja", darf es beim Fangen mitmachen, wenn „Nein", muß es stehenbleiben. Zum Schluß flitzen nur noch alle Ältesten im Raum umher. Die rotten sich nun zusammen und besprechen und beraten, was toll und besonders oder schwierig und anstrengend an ihrer Position als Ältester ist.

Haben sie etwas herausgefunden, ist das Spiel zu Ende.
Nun beginnt vielleicht ein Nesthäkchen das Fangspiel oder ein Einzelkind.

Freud und Leid

Zwei Gymnastikreifen liegen auf dem Boden. Wer in den gelben Reifen steigt, sagt etwas, das er gerne mit seinen Geschwistern macht.
Wer in den roten Reifen steigt, sagt, worüber er sich bei seinen Geschwistern ärgert. Doch dann ruft er einen Mitspieler herbei, der ihm einen guten Rat geben soll, was er dagegen tun oder wie er sich wehren könnte. Auch Zurufe sind erlaubt.
Ein Abzählvers bestimmt den Spieler.

Das kann ich am besten

Sicher gibt es etwas, was jedes Kind ganz besonders gut kann und sogar besser als seine Geschwister! Darauf darf es auch stolz sein! Diese Abgrenzung ist wichtig, das macht stark!
Alle Kinder sitzen im Kreis. Wer weiß etwas Tolles über sich selbst zu sagen? Der bekommt anschließend mit Schminkstift ein kleines Herz auf den Handrücken gemalt, damit er es den ganzen Tag nicht vergißt!

Ausgefragt

Ein Kind wirft einem anderen einen Ball zu und ruft zum Beispiel: „Erzähl mir was von deiner Schwester!" Hat das andere Kind tatsächlich eine Schwester, muß es antworten und den Ball zurückwerfen. Hat es keine Schwester, ist es an der Reihe, eine Frage zu stellen und den Ball einem Kind zuzuwerfen. So geht es immer weiter mit Fragen und Antworten. Das Spiel kann fünf Minuten oder länger dauern.

Einzelkinder

Die Einzelkinder sollen nicht das Gefühl bekommen, benachteiligt zu sein, weil das Thema „Geschwister haben" im Vordergrund steht.
Also, muntern Sie die Einzelkinder auf, auch ihre Position zu behaupten. Im Gespräch mit Gleichgesinnten fällt ihnen das leichter, da fühlen sie sich nicht mehr so „einzeln". Und vielleicht sind das erste Schritte zu neuen Kinderfreundschaften.
Die Spiele der vorhergehenden Seite sind auch für Einzelkinder spielbar, denn sie können genauso ihre Gleichgesinnten finden, über ihren Sonderstatus in der Familie berichten und ihre Erfahrungen mit anderen austauschen.
Bei den Spielen von Seite 35 heißen die Fragen dann zum Beispiel:
- Was spielst du gerne allein?
- Was spielst du gerne mit anderen?
- Was machst du, wenn du mit anderen spielen möchtest?
- Wenn du Hilfe brauchst, an wen wendest du dich?
- Hast du einen Freund, der dich zu Hause besucht?

Wer ist
Mamas Liebling?

Mama mag Marco viel lieber! Davon ist
Lena fest überzeugt. Manchmal ist sie
deshalb ganz zerknirscht, manchmal
wütend, manchmal dem Weinen nahe.
Ja, Eifersucht kann Kinderherzen fast
erdrücken, die Kränkung tut sehr weh.
Doch oft sind Eifersuchtsgefühle unter
Geschwistern unberechtigt. Das wird
vor allem dann deutlich, wenn man
eine Situation nicht nur vom eigenen
Standpunkt aus betrachtet, sondern
auch in die Rolle des anderen schlüpft
und aus dessen Sicht die Lage sieht.
Klärende Gespräche mit allen Beteiligten könnten Mißverständnisse ausräu-
men und Tränen trocknen.
Wie gewinnen die Kinder diese Ein-
sicht? Hierzu ein Vorschlag:
Im Handpuppentheater passieren ähnliche Eifersuchts-Szenen wie bei den Kindern zu Hause. Die Kinder erkennen
selber, wie unterschiedlich die beiden
Eifersüchtigen die gleiche Situation erleben. Das stimmt auch die kleinen Zuschauer nachdenklich. Vielleicht können
sie daraus für sich eine Lehre ziehen und
ihre eigenen plagenden Eifersuchtsgefühle neu überdenken?

Zwei Handpuppen übernehmen die
Rolle von eifersüchtigen Geschwistern.
Hier sind es Kasperl und Seppel, und
es ist die Großmutter, die scheinbar
den anderen viel lieber hat.

Immer der andere!

1. Szene
Nur die linke Vorhanghälfte ist aufgezogen. Kasperl sitzt in der Ecke und
schmollt. Dann beschwert er sich: „Immer wird der Seppel mehr beachtet als
ich! Die Großmutter mag den viel lieber!
Das sieht doch ein Blinder! Jetzt hat er
schon wieder von der Großmutter mehr
Kuchen ausgeteilt bekommen als ich.
Das macht sie immer so. Der Seppel ist
eben ihr Liebling! Dieser blöde Seppel!
Hach – wie ich mich darüber ärgere!"

2. Szene
Der linke Vorhang wird geschlossen,
der rechte Vorhang aufgezogen. Dort
sitzt Seppel in der anderen Ecke und
grummelt verärgert vor sich hin. Seine
Worte werden immer lauter, und
schließlich ist zu hören:

„Immer wird der Kasperl bevorzugt!
Die Großmutter hat ihm schon wieder
mehr Kuchen gegeben als mir. Ja, ich
hab's gesehen, wie der Kasperl heimlich
Kuchenstücke stibitzt hat. Und die
Großmutter hat es auch gesehen und
nichts gesagt. Jetzt hat der Kasperl vom
ganzen Kuchen viel mehr bekommen
als ich! Das ist gemein!"

3. Szene
Der linke Vorhang wird geschlossen. Dann werden beide Vorhänge in der Mitte einen Spalt geöffnet. Die Großmutter erscheint. Sie macht sich Sorgen um die beiden:
„Was kann ich nur tun? Schon wieder haben Kasperl und Seppel miteinander um die Kuchenstücke gestritten. Jeder meint, er komme zu kurz. Wie Wachhunde beobachten sie sich gegenseitig. Ich hab's ja gesehen, daß der Kasperl vor lauter Futterneid heimlich Kuchen nahm. Das macht er immer so, weil er meint, der Seppel würde ihm etwas wegessen. Und deshalb habe ich dem Seppel eben genauso viele Kuchenstükke auf den Teller gelegt, damit alles gerecht verteilt ist."

4. Szene
Der Vorhang schließt sich. Doch die Großmutter bleibt davor und wendet sich jetzt an die Kinder:
„Könnt ihr mir helfen und sagen, was los ist?"
Die Kinder klären, wie Kasperl und Seppel ihre Situation sehen.
Dann erst fragt die Großmutter weiter:
„Und was können wir jetzt machen?"
Die Kinder geben Ratschläge, dabei sollten sie selber den Vorschlag einbringen, die Großmutter solle mit beiden zusammen reden.

5. Szene
Der Vorhang öffnet sich jetzt ganz. Großmutter ruft Kasperl und Seppel zu sich und fordert beide auf, zu erzählen, warum sie so böse aufeinander sind.
Kasperl: „Du gibst dem Seppel immer mehr Kuchen, weil du ihn lieber hast, und da hole ich mir meinen Anteil eben selber."
Seppel: „Du hast gesehen, wie der Kasperl heimlich Kuchen nahm und nichts gesagt und nicht geschimpft, weil du den Kasperl lieber hast!"
Großmutter: „Oh, ich habe da wirklich einen Fehler gemacht! Ich hätte sagen sollen, daß ich bemerkt habe, wie Kasperl sich heimlich Kuchen genommen hat. Ich hätte auch sagen sollen, daß ich deshalb dem Seppel mehr Kuchenstücke ausgeteilt habe. Und ich hätte vor allem sagen sollen, daß ich beide sehr lieb habe, beide gleich!"
Alle umarmen sich. Der Vorhang wird geschlossen.

Fortsetzung

Denken Sie sich immer wieder ähnliche kleine Szenen aus, bei denen Eifersucht und Mißverständnisse die Handlung bestimmen, und die guten Ratschläge der Kinder werden immer besser und differenzierter ausfallen.

Immer die! Immer der!

Text und Melodie: Gerhard Schöne

Pa - pa, Le - a hat sich viel, viel mehr ge - nom - men!

Ma - ma, Le - o hat das größ - te Stück be - kom - men!

Refr.:

Im – mer die! Im – mer der!
A – ber dann, dann und wann,

im - mer, im - mer geht der Streit so hin und her.
hal - ten sie zu - sam - men daß man stau - nen kann.

Papa, Lea hat sich viel, viel mehr genommen!
Mama, Leo hat das größte Stück bekommen!
Immer die! Immer der!
Immer, immer geht der Streit so hin und her!
Aber dann, dann und wann,
halten sie zusammen, daß man staunen kann!

Papa, Lea hat mich an den Haar'n gezogen!
Mama, Leo hat mein linkes Bein verbogen!
Immer die! Immer der!
Immer, immer geht der Streit so hin und her!
Aber dann, dann und wann,
halten sie zusammen, daß man staunen kann!

Papa, Lea fängt andauernd an zu streiten!
Mama, Leo stört mich bei den Schularbeiten!
Immer die! Immer der!
Immer, immer geht der Streit so hin und her!
Aber dann, dann und wann,
halten sie zusammen, daß man staunen kann!

Wir haben noch'n Baby bekommen!

Gemischte Gefühle

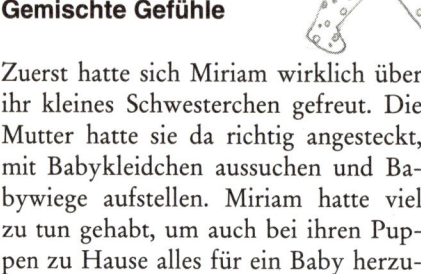

Zuerst hatte sich Miriam wirklich über ihr kleines Schwesterchen gefreut. Die Mutter hatte sie da richtig angesteckt, mit Babykleidchen aussuchen und Babywiege aufstellen. Miriam hatte viel zu tun gehabt, um auch bei ihren Puppen zu Hause alles für ein Baby herzurichten, so wie die Mama. Und endlich war das Schwesterchen geboren. Mit leuchtenden Augen erzählte Miriam von ihrer kleinen Tamara. Doch Tag für Tag wurde sie stiller, trauriger. Was war passiert?

Sicher ist Ihnen längst klar, wie die Geschichte weitergeht, und Sie werden schon oft eine ähnliche Situation erlebt haben: Miriam ist eifersüchtig auf Tamara und sehr wütend auf ihre Mama, die nur noch das doofe kleine Baby beachtet. Zu Hause ist es gar nicht mehr schön, sie will weg, oder das Baby soll weg. Und das schlimmste ist, daß keiner sie versteht!
Wut und Schmerz, Haß und Kränkung, Rachegefühle und Trauer, alles gerät in der Kinderseele durcheinander!
Jetzt sollten Sie etwas tun, ein verständnisvolles Gespräch kann „Erste Hilfe" leisten. Hierzu ein Beispiel:

Aktives Zuhören ist der beste Trost

So könnten Ihre Worte zu Miriam sein: „Ja, das ist schlimm, was du da zu Hause erlebst! Und deine kleine Schwester, auf die du dich so gefreut hast, kannst du nun gar nicht mehr leiden. Alle beachten das Baby viel mehr als dich. Keiner hat Zeit für dich, alles dreht sich nur noch um das Baby. Und deine Mutter ist mit dir böse, weil du dein Schwesterchen nicht magst!"

Mit dieser Gesprächstechnik der Widerspiegelung wiederholen Sie die Aussagen des Kindes, auch die negativen Gefühle. Es wird nichts gewertet, und vor allem werden keine guten Ratschläge gegeben.
Miriam fühlt sich jetzt verstanden, angenommen und erleichtert. Und schon ist die ganze Situation ein bißchen weniger schlimm, ein Anfang ist gemacht, bald geht alles wieder besser.
Es dauert sicher noch ein Weilchen, bis das ältere Kind im Familienkreis seinen neuen Platz gefunden hat. Doch an Erfahrung reifer wird Miriam ihre Rolle als Ältere antreten und sich mit der jüngeren Schwester arrangieren können.

Übrigens: Weniger hilfreich sind solche Worte wie: „Deine Eltern haben dich doch genauso lieb wie dein Schwesterchen!" Das tröstet ein Kind, das sich zurückgesetzt fühlt, überhaupt nicht. Im Gegenteil! „Alles gelogen!" wird es denken und bitter enttäuscht sein.

Groß und klein

Was unterscheidet die großen Kinder von den kleinen Babys? Dem wollen wir mal auf die Spur kommen! Alle Kinder, die hier Erfahrung haben, sei es mit Geschwistern, Cousins oder Nachbarskindern, können jetzt zu Wort kommen.

Die Spielregel: Jeder Mitspieler nennt etwas, was kleine Babys machen und was er kann. Ein Beispiel: Till beginnt und sagt: „Babys essen Brei, ich kann schon Schnitzel mit Pommes essen!" Die anderen Kinder grinsen. Wie gut, daß sie kein Baby mehr sind, denn auf Pommes mögen auch sie nicht gern verzichten!

Endlich werden auch mal die Vorteile des Älterseins aufgeführt! Und immer mehr wird den Kindern ihre bevorzugte Situation gegenüber einem Baby klar. Was sie im Vergleich mit einem Wickelkind schon alles können und dürfen! Dieses Bewußtsein macht sie stark, die eigene Wertschätzung nimmt zu, die Eifersucht wird kleiner. Ein gutes Gefühl!

Vergleichen

Die Kinder werden aufgefordert, zu Hause mal ihre Hände mit denen des kleinen Geschwisterchens zu vergleichen, auch die Arme, Beine und Füße! Toll, wie groß der Unterschied ist!
Wer kann ein paar Kleidersachen mitbringen? Da werden dann die großen Kinderjeans mit den kleinen Windelhosen verglichen und gemessen.

Und wieviele Jahre muß zum Beispiel Tamara wachsen, bis sie so groß wie Miriam ist? Drei, vier oder mehr Jahre? Was für eine lange Zeit!
Bis dahin aber wird Miriam bereits in die Schule gehen. Sie wird immer ein Stückchen weiter sein!
Solche Gedanken stimmen die Kinder nachdenklich, neue Gefühle kommen auf, die die Eifersucht verschwinden lassen: Das Baby kann mich wirklich nicht wegdrängen, ich bin immer ein paar Jahre voraus!

Die Traumfamilie

Wunsch-Murmeln

Die Kinder, die mitmachen wollen, sitzen im Kreis und halten drei Murmeln in der Hand. In der Mitte liegt ein besonders schönes Gefäß. Wer möchte beginnen? Derjenige sagt, was er sich von seiner Familie wünscht, wie sie sein oder was man anders machen soll, und legt dann eine Murmel in die Schale.
Wer will jetzt weitermachen?
Einige Kinder brauchen etwas Zeit, bis sie ihre Wünsche in Worte fassen können. Das macht nichts! Wir haben diese Zeit!

Dieses Spiel wird manches Kind überraschen, es erkennt plötzlich, daß andere Kinder ähnliche Wünsche, Ideen oder Vorstellungen von ihrer Familie haben. Vor allem für Einzelkinder, die sich mit Geschwistern nicht austauschen können, ist das eine neue und wichtige Erfahrung.

Ihre Verantwortung

Für Sie als Erzieherin ist dieses Spiel wieder sehr aufschlußreich, Sie werden viel über das Kind und dessen Beziehung zu seiner Familie erfahren. Dabei geht es nicht darum, neugierig die Nase in andere Familienangelegenheiten zu stecken, sondern zu erkennen, wann das Kind Ihre Hilfe braucht.

Ich habe da eine Idee

Hier ein anderes Spiel, bei dem die Kinder ihre Erfahrungen, Wünsche und Träume einander erzählen können.
Wer will, steht auf und sagt, was er sich von seiner Familie wünscht, was alle mal zusammen tun, spielen oder unternehmen könnten. Die Mitspieler hören aufmerksam zu. Wurde da etwas ausgesprochen, was sie sich auch wünschen? Wer gleiches denkt, steht auch auf. Alle, die jetzt stehen, schauen sich an. Ein gutes Gefühl entsteht unter diesen Gleichgesinnten, das diese gerne noch ein kurzes Weilchen auskosten wollen. Erst dann geht das Spiel weiter, alle setzen sich wieder, der nächste ist dran.

Schön wäre es, wenn die Kinder ihre Ideen und Wünsche auch zu Hause äußern könnten. Vielleicht fühlen sie sich durch dieses Spiel gestärkt, weil sie erfahren haben, daß andere Kinder auch so denken und fühlen.
Viele Eltern kennen die Wunschgedanken ihrer Kinder gar nicht. Machen Sie also den Kindern Mut! Denn Wünsche, Träume und Visionen sind erlaubt – und oft der Anfang für Veränderungen.

Wenn ich zaubern könnte

So beginnt das Spiel: „Wenn ich zaubern könnte, dann würde ich Papa in einen Löwen verzaubern, der würde mich dann beschützen!" sagt Lena und reicht einen bunten Zauberstab weiter. Lilli hält ihn fest: „Wenn ich zaubern könnte, dann würde ich meinen Bruder Fabian in einen Papagei verwandeln und in einen Käfig sperren und nur herauslassen, wann ich will!"

Die anderen Kinder kichern und sind beeindruckt. In ihrer Phantasie geschehen gerade die tollsten Dinge! Das steckt an! Die Zauberkünste werden immer toller und verrückter, die Kinder immer dreister und frecher! Der Phantasie sind keine Grenzen gesetzt! Das muß man ihnen nicht mehr sagen, sie haben längst alle Grenzen überschritten.
Ein selbstgemaltes Bild soll diese phantastischen Zauberideen fest- und die Erinnerung an das Gefühl wachhalten.

Phantasiereise

Auf den nächsten beiden Seiten wird eine Phantasiereise ins Familien-Traumschloß beschrieben. Es ist ein Vorschlag zum Nacherzählen.
Je phantasievoller Sie als Erzählerin Ihre Worte wählen, je mehr Sie alle Sinne, also nicht nur das Sehen, sondern auch das Hören, Riechen, Fühlen und Schmecken ansprechen, desto reicher und beeindruckender werden die Phantasie-Erlebnisse der Kinder werden.
Die Kinder sitzen bequem auf dem Boden oder auf weichen Matten. Sitzen ist besser als Liegen, damit kein Kind einschläft und alle wach und aktiv die Phantasiereise in Gedanken begleiten.
Der Raum ist etwas abgedunkelt, keine störenden Geräusche sind zu hören. Sanfte leise Musik begleitet Ihr Sprechen. Sie reden ruhig und langsam, machen immer wieder Pausen, daß die Kinder Zeit für das Wahrnehmen und Ausmalen ihrer Gedankenbilder haben.
Die Phantasiereise kann zehn Minuten oder länger dauern, je nachdem, wie die Kinder Phantasiereisen gewohnt sind und sich konzentrieren können.
Am Schluß der Geschichte bleiben alle noch ein Weilchen still liegen und versuchen, die schönen Bilder im Gedächtnis zu behalten. Dann recken und strecken sie sich, um wieder ganz wach und in der Realität zu sein.

Phantasiereise ins Familienschloß

Hier nun das Beispiel für die Phantasie-Geschichte, mehr darüber steht auf der vorhergehenden Seite. Sie können jederzeit weitere Bildmotive einbauen oder ganze Szenen austauschen und verändern. Die Hauptsache ist, die Geschichte – genauer gesagt: das Traumbild des Familienschlosses – ist auf Ihre Kinderschar passend zugeschnitten.

Bei weiteren Phantasiereisen in das Familienschloß sollten Sie die gleichen Worte gebrauchen. Schriftliche Notizen sind hier sinnvoll, damit Sie nicht den roten Traumfaden verlieren.

Nennen Sie keine Familienmitglieder, denn wer im Traumschloß wohnen darf, das bestimmen die Kinder selbst, je nach Familiensituation und Kinderwünschen.

Übrigens: Weitere Phantasiereisen stehen in Band 1: „Ich", auf den Seiten 130–133.

Der Weg ins Phantasieland

Wir wollen heute (wieder) zu unserem Traumschloß reisen. In Gedanken steht jeder auf, verläßt diesen Raum und geht in den Garten. Wir schauen uns nach der Traumtüre um, dort neben dem großen Busch. Man sieht sie nicht immer. Heute aber öffnet sie sich (wieder) und lädt dich ein, ins Traumland zu kommen.

Du gehst durch diese Tür. Dein Weg führt über eine schöne Wiese mit bunten, duftenden Blumen. In den Bäumen zwitschern Vögel. Du spürst warmen Sonnenschein, und ein sanfter Wind streicht dir übers Haar.

Du fühlst dich sehr wohl, es geht dir gut.

Der Weg ins Schloß

Du gehst weiter. Dein Weg wird breiter und führt einen Hügel hinauf. Jetzt siehst du in der Ferne ein Schloß. Du breitest deine Arme aus und kannst fliegen. Der sanfte Wind trägt dich weiter. Du näherst dich deinem Schloß. Immer genauer siehst du es. Jetzt erkennst du das Schloßtor und die Treppenstufen, die zum Eingang führen. Dorthin fliegst du.

Jetzt bist du angekommen.

Schau dir dein Schloß genau an. Ist es groß? Hat es Türme? Welche Farben siehst du? Kannst du etwas hören?

Der Besuch im Schloß

Du und deine Familie wohnen in diesem Schloß! Ja, das weißt du. Willst du dich im Schloß umschauen?

Dann öffnest du einfach das Tor und gehst hinein. Wie schön es dort ist, wie farbenprächtig, wie gut es riecht. Leise hörst du Musik. Du gehst auf einem weichen Teppich weiter.

Du schaust dich um. Willst du die Räume und Zimmer sehen? Du kannst überall hingehen! Es ist ja dein Schloß! Laß dir Zeit, viel Zeit.

Schau alles genau an! Jeden Raum, jeden Winkel.

Wer wohnt mit dir in diesem Schloß? Ist schon jemand da? Willst du ihn in seinem Zimmer aufsuchen? Wie sehen die anderen Zimmer aus?

Ich werde jetzt ein Weilchen still sein, damit du Zeit für deinen Rundgang im Familienschloß hast.

Der Rückweg

So, jetzt wird es Zeit zurückzukehren. Gehst du zum Eingang des Schlosses zurück? Ja, komm wieder heraus! Schließe die Türe, und gehe ein paar Schritte weiter. Jetzt breite deine Arme wieder aus und fliege. Der Wind trägt dich. Du fliegst zurück zum Hügel. Dort setzt dich der Wind ganz sanft und vorsichtig auf dem breiten Weg ab. Du gehst vergnügt weiter zur Blumenwiese. Du riechst wieder den Blumenduft und hörst die Vögel in den Bäumen singen.

Du gehst weiter zurück zur Traumtüre, durch die du vorhin geschlüpft bist. Jetzt bist du wieder im Garten, du gehst zurück in diesen Raum. Du setzt dich auf deinen Platz – und jetzt bist du wieder da!

Und wenn du willst, machst du deine Augen auf, streckst dich und schüttelst deine Arme und Beine aus.

Geht es dir gut? War es schön?

47

Das ist
bei uns so üblich

„Wenn ich nach Hause komme, dann muß ich zuerst meine Schuhe ausziehen und die Hände waschen!" erklärt Tino. Shira ist überrascht: „Nee, das muß ich nicht, ich renne zuerst in die Küche zu meiner Mami, die gibt mir dann was zum Trinken!" Bei Sarah ist es wieder anders, die besucht zuerst ihre Oma, weil ihre Eltern noch nicht zu Hause sind.

Jeder hat seine kleine Geschichte parat, was er tut, wenn er nach Hause kommt. Daß es so unterschiedlich bei den anderen zugeht? Das macht neugierig. Auslöser des Gespräches ist dieses Spiel:

Was machst du, wenn …

Alle Mitspieler sind im Kreis versammelt. Einer stellt eine Frage, und dann antworten die anderen, schön der Reihe nach oder frei heraus, wer gerade will. Haben alle eine Antwort gegeben, kommt die nächste Frage. Dazu ein paar Beispiele:

- Was machst du, wenn du nach Hause kommst?
- Was macht ihr, wenn ihr euch zum Abendessen an den Tisch setzt?
- Wie ist das bei dir, wenn du ins Bett mußt?
- Was machst du, wenn du beim Aufräumen hilfst?
- Was machst du, wenn du morgens aufwachst?

Es macht Sinn, mit den Kindern Gewohnheiten auszutauschen, die sie in ihrer Familie pflegen. Dabei wird den Kindern deutlich, daß gewohnte Verhaltensweisen in anderen Familien ganz anders ablaufen.

Gut zu wissen, wenn man als Gast eine fremde Familie besucht und sich schnell zurechtfinden muß. Selbstsichere Kinder werden auch entscheiden können, ob sie bei Gewohnheiten, die ihnen unangenehm sind, mitmachen wollen oder nicht – und ihr „Nein danke!" laut sagen.

So hätte ich's gern!

Bei diesem Theaterspiel bestimmen die Kinder ihre Rituale selber, gerade so, wie es ihnen gefällt. Eine lehrreiche Erfahrung, die zeigt, daß man Rituale überdenken und neu festlegen kann. Vorausgesetzt, man spricht mit allen Beteiligten darüber. Das erfahren und lernen die Kinder in diesem Spiel.

Wichtig ist, daß jeder Mitspieler seine Meinung äußert. Deshalb müssen die Kinder sich untereinander absprechen, vielleicht auch verschiedene Lösungen ausprobieren, das heißt, ausspielen und vergleichen, was ihnen besser gefällt.

Mit Jacken, Schals und Hüten als Verkleidung kann das Rollenspiel gleich beginnen. Was wird gespielt?

Hier ein paar Szenen-Beispiele:

- Die Familie setzt sich zum Mittagessen an den Tisch. Wer sitzt wo, wer macht was?
- Die Kinder kommen vom Kindergarten oder von der Schule nach Hause. Wie wollen sie begrüßt werden?
- Die Kinder wollen fernsehen. Wer soll dabei sein, wer soll wo sitzen, wollen sie danach den Film besprechen, wer schaltet den Fernseher ab?
- Die Kinder haben sich beim Spielen total verdreckt. Sie kommen nach Hause, was soll dann geschehen?
- Es ist spät, die Kinder müssen ins Bett. Wer soll sie ins Bett bringen, was soll noch alles vor dem Einschlafen gemacht werden? Singen, vorlesen, über den Tag reden? Was noch?

Besuch mich mal!

Jetzt wissen die Kinder viel voneinander, zum Beispiel, wer wo wohnt, wer mit wem zusammenlebt, wie die Eltern sind, ob jemand Geschwister hat und was so in der jeweiligen Familie üblich ist. Auch haben die Kinder die Fotos von den anderen Familien betrachtet und bekamen viele Alltagsgeschichten erzählt.

Ja, jetzt kennen die Kinder die Familien ihrer Freunde wirklich gut. Was liegt näher, als diese Familien auch mal zu besuchen?

Fragen Sie die Kinder, wer wen besuchen oder wer wen einladen möchte. Am besten machen Sie sich davon Notizen und informieren Sie die Eltern über die Kinderwünsche.

Als Gast einer anderen Familie macht ein Kind lehrreiche Erfahrungen: Es erlebt unterschiedliche Gewohnheiten, unterschiedliche Wohngruppen und unterschiedliche Formen der Kommunikation zwischen Erwachsenen und Kindern. Und es lernt vor allem, sich in fremden Situationen zurechtzufinden.

Eine fremde Familie besuchen?

Vielleicht müssen Sie anfangs bei diesen Besuchen vermitteln, mit Anfragen bei den einen und Aufmunterungen bei den anderen Familien? Denn schön wäre es, wenn sich nicht immer die gleichen Kinder besuchen würden.

Bei einem Elternabend oder mit einem Elternrundbrief können Sie die Familien auf dieses Vorhaben aufmerksam machen. Erzählen Sie den Eltern auch, was Sie bisher mit den Kindern gespielt und besprochen haben und wie wichtig es für die Kinder ist, andere Familien und andere Gepflogenheiten kennenzulernen und eigene Erfahrungen dabei zu machen.

Wenn Sie unsicher sind, ob ein Familienbesuch geeignet ist oder nicht, nehmen Sie sich bitte die Zeit, selbst einmal kurz bei der Familie vorbeizuschauen und mit den Eltern den bevorstehenden Kinderbesuch zu besprechen.

Familienbesuche

Geben Sie den Eltern verschiedene Anregungen, wie so ein Familienbesuch ausfallen könnte. Vielleicht haben die Eltern dann noch ganz andere Ideen!

Bis in den Abend hinein
Nach dem Kindergarten gehen die Kinder gemeinsam zur Gastfamilie, spielen miteinander, und erst nach dem Abendessen geht's wieder nach Hause.

Den Nachmittag lang
Der ganze Nachmittag wird für den Familienbesuch eingeplant, vor dem Abendessen wird der kleine Gast abgeholt.

Ausnahmsweise abends
Um 18 Uhr ist Abendessen, dazu wird das Gastkind eingeladen, und dann gibt es noch eine Stunde lang eine extra Spielrunde, mit Tischspielen und Geschichten vorlesen. Dann aber geht's wieder nach Hause.

Über Nacht
Der Gast darf über Nacht bleiben, für Luftmatratze und Schlafsack ist in jedem Kinderzimmer noch Platz.

Am Samstag zum Mittagessen
Zuerst wird gemeinsam eingekauft und auch zusammen Mittagessen gekocht, nach dem Essen können die Kinder bis zum späten Nachmittag spielen, dann wird das Gastkind nach Hause begleitet.

Sonntags nach dem Frühstück
So gegen 10 Uhr wird der Gast willkommen geheißen, im Kinderzimmer warten schon die Geschwister, zum Mittagessen gibt's Würstchen und Kartoffelsalat, und am Nachmittag kommt die Mami des Gastes mit einem Kuchen, danach geht es wieder nach Hause.

51

2. Kapitel

Meine Großeltern

Großeltern sind anders als Eltern

Großeltern geben auf besondere Art den Kindern Geborgenheit, Liebe, Zuwendung und Vertrauen. Sie akzeptieren und bewundern ihre Enkelkinder, sind aufmerksam und unendlich geduldig. Da gibt es die Oma, die immer interessiert zuhört, wenn ein Kind phantasievoll und ausschweifend etwas erzählt, und da ist der Opa, der geduldig wartet, bis vor dem Spazierengehen endlich die Jacke zugeknöpft ist. Großeltern erlauben Dinge, die man zu Hause nicht machen darf, zum Beispiel auf dem Sofa wie auf einem Trampolin hüpfen, vor dem Mittagessen noch Schokolade naschen oder abends länger aufbleiben und ein Weilchen fernsehen. Großeltern sind für Kinder wichtige Bezugspersonen. Deshalb ist ihnen hier ein extra Kapitel eingeräumt, mit Spielideen und Aktionen, bei denen den Kindern dieser Unterschied zwischen Großeltern und Eltern bewußt wird, und sie dadurch eine eigene Beziehung zur Großeltern-Generation aufbauen können. Sie erfahren und erleben mit den Großeltern, wie es früher war, wie sich die Zeiten geändert haben, die Gewohnheiten und sogar die alltäglichen Dinge.

Kontakt mit der alten Generation

Es kommt nicht darauf an, ob eine Großmutter die wirkliche Verwandte des Kindes ist. Sondern es geht darum, daß die Kinder lernen und Interesse daran bekommen, Kontakt mit alten Menschen aufzunehmen, und daß sie erfahren, daß und wie sich alt und jung etwas zu sagen haben. Manchmal kann auch eine gute, alte Nachbarin die Großmutter-Rolle viel besser ausfüllen! Wenn Kinder also ihre eigenen Großeltern nicht kennen, fragen Sie die Kinder nach anderen alten Menschen, mit denen sie Kontakt haben und gerne spielen und reden wollen.

Konflikte

Ja, zwischen Eltern und Großeltern können schnell Konflikte aufkommen, die Kinder, die zwischen den streitenden Parteien stehen, sehr verunsichern, zum Beispiel, wenn Großeltern den Kindern etwas erlauben, was die Eltern verbieten.

Wenn Sie nun das Projekt „Großeltern" planen, also mit den Kindern über Großeltern sprechen wollen, die Kinder zum Spielen mit Oma oder Opa animieren und immer wieder auch die Großeltern zur Mitarbeit bei verschiedenen Projekten einladen wollen, dann sollten Sie vorher die Eltern über dieses Sonderprogramm informieren. Damit sie das plötzliche Interesse ihrer Kinder an den Großeltern verstehen und das Projekt mit extra Besuchen bei den Großeltern unterstützen können.

Erfahrungsaustausch über die Großeltern

Wie erleben die Kinder ihre Großeltern oder andere alte Menschen? Dieses Gespräch mit den Kindern können Sie einleiten, indem Sie von Ihren eigenen Erfahrungen erzählen. Erinnern Sie sich noch an Ihre Kinderzeit, was Sie damals über alte Leute gedacht oder wie Sie Ihre Großeltern erlebt haben? Erzählen Sie vor allem solche Geschichten, bei denen deutlich wird, daß Großeltern anders als Eltern sind.

Dann aber haben die Kinder selber das Wort. Wer will mitmachen? In der Kuschelecke, dicht zusammengerückt, erzählt es sich noch besser! Und wer das Kuscheltier in der Hand hat, der ist mit Erzählen an der Reihe.

Phantasie-Besuch
bei den Großeltern

Wo wohnen die Großeltern?

Die einen Kinder können diese Frage schnell beantworten: In der Wohnung nebenan! Im gleichen Haus! Um die Ecke! Im nächsten Ort!

Andere Kinder werden vielleicht so antworten: „Wir müssen lange mit dem Auto fahren, bis wir bei den Großeltern sind."

Vor allem, wenn die Großeltern weit weg wohnen oder die Kinder Oma und Opa nur selten sehen, macht es Sinn, den Kindern mit einer Gedankenbrücke zu helfen, sich an die Großeltern zu erinnern, zum Beispiel mit dieser Phantasiereise.

Tip: Praktische Anregungen für Phantasiereisen, siehe Seite 45.

Fliegender Teppich

Besuchen die Kinder gerne ihre Großeltern? Wer jetzt mit „Ja!" antwortet, der wird bei dem nachfolgenden Phantasiespiel mitmachen wollen, denn ein fliegender Teppich wird die Kinder in Gedanken zu den Großeltern bringen..

Im Raum liegen auf dem Boden Gymnastikreifen verteilt. Jedes Kind setzt sich in einen Reifen und stellt sich vor, daß dies ein fliegender, runder Teppich sei. Im Hintergrund ist leise, sanfte Musik zu hören. Wer will, schließt jetzt die Augen. Die Phantasiereise beginnt, und Ihre Worte als Erzählerin und Ihre Fragen werden die Phantasie der Kinder beflügeln.

Du fliegst mit deinem fliegenden Teppich vor die Haustüre der Großeltern.

Du rutschst vom Teppich herunter.
Du klingelst an der Wohnungstür.
Wer wird öffnen?
Du stellst dir alles ganz genau vor!
Es ist wie immer!
Wer steht an der Türe?
Wie wirst du begrüßt?
Was macht ihr dann?
Du betrittst die Wohnung, was siehst du jetzt? Alles ist am alten Platz! Nichts hat sich verändert! Schau dich um. Was siehst du?

Nach kurzer Zeit werden die Kinder aufgefordert, von ihren Großeltern wieder Abschied zu nehmen und mit ihrem fliegenden Teppich zurückzufliegen, hierher, in den Raum. Und dann heißt es: Augen auf und recken und strecken! Jetzt können sich die Kinder ihre Oma oder ihren Opa wieder genau vorstellen. Sie waren ja in Gedanken bei ihnen! Wer will etwas erzählen? Und wenn ein Kind ein bißchen flunkert, was macht das schon! Das zeigt nur die Kinderwünsche!

Post an die Großeltern

Wer will ein Bild von seiner Phantasiereise malen? Dazu folgende Idee: Die gemalten Bilder werden mit einem kurzen Kommentar versehen, das Kind diktiert, Sie schreiben. Dann kommt der Brief in einen Umschlag und wird an die jeweiligen Großeltern verschickt. Die Adresse müssen Sie von den Eltern erfragen, der Absender ist natürlich der Kindergarten!
Was für eine Überraschung, wenn die Großeltern einen Antwortbrief an den Kindergarten schicken!

Sind Großeltern alt?

Wie alt ist wirklich „alt"?

Großeltern sind alt, sagt man, und so hören es die Kinder. Doch was ist alt? Wieviele Jahre ergeben „alt"?

Zu diesem Thema haben die Kinder ihre eigene und ganz besondere Meinung. Und es ist für die Kinder interessant – und für Sie aufschlußreich – einmal darüber zu sprechen. Kinder beurteilen das, was alt ist, aus ihrem Blickwinkel heraus, aufgrund ihrer Alltagserfahrungen und alltäglichen Beobachtungen. Und die sehen zum Beispiel so aus:

Felix mit seinen 18 Jahren ist sehr alt und geht schon in eine Lehre. Aber auch der siebenjährige Daniel ist alt, zumindest aus der Sicht seines fünfjährigen Bruders, weil Daniel schon in die Schule geht und abends länger aufbleiben darf. Die Tageszeitung von gestern ist alt, so behauptet Papa und wirft die Zeitung in den Papierkorb. Das Brot von letzter Woche ist alt, so erklärt es Mama. Ganz kompliziert wird die Sache mit dem alten und neuen Jahr, da wird das eine Jahr in der Silvesternacht schlagartig alt. Also, was oder wer ist nun wirklich alt?

Blick in die Tierwelt

Jetzt wird es spannend: Wie alt wird ein kleiner Marienkäfer, wie alt ein großer Elefant? Das könnte die Kinder interessieren. Und was sie dabei lernen, ist dies: Ob ein Tier jung oder alt ist, das hängt nicht von den gezählten Jahren ab, sondern davon, wie alt die spezielle Tierart überhaupt werden kann. Dazu ein paar Beispiele, die Sie den Kindern erzählen können:

Ein Hund, der 20 Jahre alt ist, der ist wirklich sehr alt! Doch ein Elefant mit 20 Jahren ist noch recht jung, weil Elefanten bis zu 80 Jahre alt werden können. Ein Regenwurm mit 10 Jahren, so lange kann der nämlich leben, ist bereits uralt, und ein uralter Marienkäfer hat gerade mal 8 Wochen gelebt. Eine Riesenschildkröte hingegen ist mit ihren 150 Jahren wirklich ur-ur-alt, so alt wird kein Mensch!

Meine Oma ist nicht alt!

Es ist also kompliziert, das Altsein eines Menschen in Jahren zu messen. Vielleicht finden die Kinder mit ihrer Logik und Weltanschauung eine passende Erklärung für den Begriff „alt"?

„Oma ist alt, aber nicht so sehr alt!", so behauptet es jedenfalls Jette. „In Märchen sind die Omas ganz alt, da haben sie lange Röcke und Schürzen an, gehen gebückt mit einem Stock und tragen einen Haarknoten. Meine Oma aber hat immer Jeans an und bunte Pullover, fährt mit dem Rad und arbeitet in einer Gärtnerei. Bestimmt ist sie ein bißchen jünger als andere Omas!"

Hier ist die Sache auf den Punkt gebracht: Ob jemand alt oder jung ist, kommt sehr darauf an, wie er aussieht, sich kleidet, was er unternimmt und wie lebensfroh er ist. So gesehen können Großeltern sehr jung oder recht alt sein, unabhängig davon, wie alt sie an Jahren sind.

Alt werden heißt sich verändern

Alt werden heißt langsamer werden, nachlassen. Das können auch die Kinder beobachten, und das beschäftigt natürlich ihre Gedanken. Weil viele Erwachsene dieses Gesprächsthema lieber meiden, sollten Sie es aufgreifen. Dabei gilt es nicht, die Schwächen des Altwerdens hervorzuheben, sondern vor allem die Besonderheiten aufzuführen, die alte Menschen liebenswert machen.

Das zum Beispiel könnten Sie den Kindern erzählen: Alte Menschen haben weniger Kraft, können nicht mehr schwere Koffer schleppen. Sie sind langsamer, nicht mehr so beweglich, können nicht mehr auf hohe Bäume klettern oder über Mauern springen. Sie hören und sehen schlechter. Ihr Haar wird grau und die Haut runzelig. Sie wachsen nicht mehr, sondern werden sogar ein bißchen kleiner. Das ist nun einmal bei den Menschen so!

Doch da gibt es noch die Besonderheiten: Alte Menschen können viele Geschichten erzählen, weil sie in ihrem langen Leben viel erlebt haben. Sie können den Kindern lange und aufmerksam zuhören und sind geduldige Spielpartner, sie haben mehr Zeit als die Eltern, sie sind nachsichtig, lachen mit den Kindern über ihre Streiche und verraten sie den Eltern nicht.

Wenn die Kinder dies alles erfahren, fallen ihnen sicher auch Besonderheiten von ihren Großeltern ein. Wer will davon berichten?

59

So ist
die Oma halt!

So ist Oma, na und?

Wenn sie ausgeht, setzt sie sich einen
Hut auf und nimmt den Stock in die
Hand; wenn sie sich hinsetzt, rückt sie
sich den kleinen Schemel zurecht, um
die Füße darauf zu stellen; wenn sie im
Zimmer ist, müssen alle Fenster geschlossen sein, weil es sonst zieht und
sie friert; beim Duschen schließt sie im
Badezimmer die Türe ab; auch beim Waschen und Zähneputzen darf keiner zu-
schauen; beim Kochen bindet sie sich
eine große Schürze um; wenn sie krank
ist, zieht sie sich zwei Jacken und zwei
Paar Socken an, legt sich ins Bett und
trinkt den ganzen Tag Kräutertee.

Ja, die Kinder kennen ihre Großeltern
besser, als man denkt! Da hat jeder etwas zu erzählen. Manche Kinder wundern sich vielleicht ein bißchen darüber,
was alte Leute so alles machen, aber finden diese Verhaltensweisen dennoch
recht normal. So sind eben Oma und
Opa! Niemals lachen Kinder ihre
Großeltern aus!

Frage-und-Antwort-Spiele

Hier sind drei Ideen, wie aus dem Gespräch über die Großeltern ein Unter-
haltungs-Spiel für die Kinder werden
kann. Die Grundregel ist bei allen drei
Spielformen gleich und geht so:
Alle Kinder, die mitmachen wollen, sitzen im Kreis. Sie stellen als Spielleiterin
eine Frage, und einer von den kleinen
Mitspielern gibt eine Antwort. Das kann
eine witzige, ernste, verrückte oder nachdenkliche Frage sein. Doch wer von den
Kindern diese Frage beantwortet, das
legt die jeweilige Spielregel fest. Sollte einem Kind nichts einfallen, kann es einen
Stellvertreter bestimmen, der dann die
Frage beantwortet und etwas von seinen
Großeltern erzählen darf.

Weitergeben

Sie reichen einem Kind einen Gegenstand, zum Beispiel einen Teddybär, einen großen Bauklotz oder ein buntes Tuch. Reihum wird der Gegenstand weitergegeben. Wer den Gegenstand in der Hand hat, der wird Ihre Frage beantworten und danach den Gegenstand seinem Nebensitzer aushändigen. Erst dann stellen Sie die nächste Frage.

Zurollen

Sie rollen einem Kind einen großen Ball zu, was zugleich bedeutet, daß das Kind, das den Ball fängt, auch Ihre Frage beantworten soll. Es darf danach den Ball einem anderen Mitspieler zurollen. Und erst dann verraten Sie die nächste Frage.

Auslosen

Alle Kinder bekommen einen kleinen Zettel und werden aufgefordert, ein Zeichen oder sonst etwas Besonderes darauf zu kritzeln, zum Beispiel ein Herz, eine Blume, einen Stern, einen Kreis. Hauptsache, jedes Kind erkennt seinen Zettel beim Auslosen wieder. Alle Papiere kommen in einen Korb. Nun stellen Sie eine Frage, ziehen einen Zettel, und derjenige, dem dieser gehört, der ist mit Antworten an der Reihe.

Beispiele für die Fragen:

– Was kann deine Oma am besten kochen?
– Trägt dein Opa eine Brille?
– Fährt deine Oma Motorrad?
– Was gefällt dir an deinem Opa so gut?
– Kann dein Opa stricken?
– Raucht dein Opa Pfeife?
– Wo sitzt deine Oma im Wohnzimmer am liebsten?
– Haben deine Großeltern eine Katze?
– Wie sagt dir dein Opa „Guten Tag"?
– Wie verabschiedet sich deine Oma von dir?
– Wer von beiden erzählt dir Geschichten?
– Tanzt deine Oma mit dir?
– Welche Musik hört dein Opa am liebsten?

Die schönen alten Sachen

Viele Gegenstände im Haushalt alter Leute sind für Kinder wunderliche Dinge – und eine „Entdeckungsreise" wert. Das Büffet im Wohnzimmer der Großeltern zum Beispiel birgt wahre Schätze. Das haben die Kinder längst entdeckt. Schön, wenn sie da nach Herzenslust kramen und die Dinge genauer anschauen und anfassen können. Wenn nicht, können Sie die Kinder dazu ermuntern, beim nächsten Großelternbesuch zusammen mit der Oma oder dem Opa einmal nach solchen unbekannten Sachen zu suchen und miteinander in den Schränken und Truhen zu stöbern.

Für Kinder, die keine Möglichkeit haben, die „Alte-Sachen-Welt" entdecken zu können, ist die nachfolgend beschriebene Aktion im Kindergarten interessant und witzig zugleich.

Liebe Eltern, Liebe Großeltern!

Haben Sie ein paar alte Gegenstände zu Hause, die man heute nicht mehr verwendet, die aber früher sehr zweckmäßig waren? Ein Gang durch Keller oder Dachboden könnte Sie fündig werden lassen. Je alltäglicher die Gegenstände sind, desto besser!

Solche Sachen können zum Beispiel sein: Lockenschere, Siegel und Siegellack, Krawattennadel, Botanisiertrommel, Kaffeemühle, Fleißbildchen fürs Poesiealbum, Teppichklopfer, Wäschestampfer, Gamaschen. Kurzum: Dinge, die man heute nicht mehr verwendet. Diese brauchen wir! Wir werden sorgsam damit umgehen und in drei Monaten alles wieder zurückgeben. Und die Kinder sind dann um viele Geschichten, neues Wissen und einige Erfahrungen reicher.

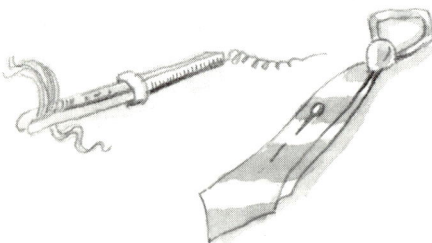

Wunderliche Dinge

Mit dieser Aufforderung, als Plakat am Hauseingang befestigt, als Handzettel den Kindern mitgegeben, kommt in ein paar Wochen einiges zusammen.

Machen Sie ein Geheimnis daraus: Die abgegebenen Schätze werden zuerst in einer alten Truhe aufbewahrt. Keiner darf etwas sehen. Und eines Tages nehmen Sie ein paar Dinge heraus und zeigen sie den Kindern. Für den Anfang genügen zwei oder drei Sachen. Da bleibt viel Zeit zum Betrachten, Fragen, Anschauen, Anfassen, Erzählen und Vergleichen mit bekannten Gegenständen.

Zuerst stellen Sie den Kindern Fragen: Was kann man damit machen? Wie könnte es heißen? Braucht man so etwas Ähnliches heute noch? Wie sieht so etwas heute aus?

Sicher sind die phantasievollen Antworten der Kinder recht lustig. Doch mit Interesse werden die Kinder darauf warten, bis Sie endlich mit Ihren Kenntnissen herausrücken und die alten Gebrauchsgegenstände erklären.

Wenn den Kindern dieses Rate- und Erzählspiel gefällt, können Sie es ein andermal fortsetzen, solange, bis die Schatztruhe geleert ist.

Die Schatzsuche geht weiter

Bestimmt werden die Kinder ihren Großeltern erzählen, welche Sachen von früher sie gesehen und ausprobiert und wovon sie Namen und Gebrauch kennengelernt haben. Die Begeisterung kann anstecken und vielleicht eine Großmutter dazu animieren, gleich ihre eigenen alten Schätze herauszukramen, um sie dem Enkelkind zu zeigen!

Und wie wäre es, mit einem Rundbrief die Großeltern aufzufordern, ihre Besonderheiten und Nützlichkeiten aus vergangenen Zeiten den Kindern im Kindergarten oder in der Grundschule selbst zu zeigen und zu erklären? Darüber würden sich vor allem die Kinder freuen, die nicht mit Großeltern auf Schatzsuche gehen konnten.

63

Großmutters Rezepte

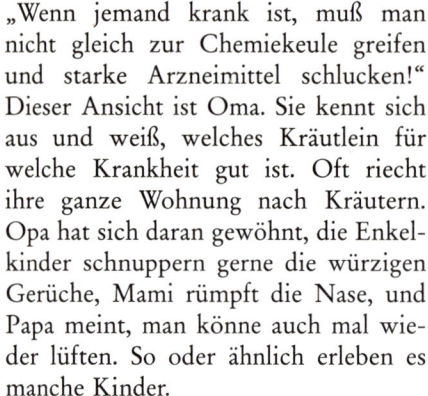

Omas Heilmittel

„Wenn jemand krank ist, muß man nicht gleich zur Chemiekeule greifen und starke Arzneimittel schlucken!" Dieser Ansicht ist Oma. Sie kennt sich aus und weiß, welches Kräutlein für welche Krankheit gut ist. Oft riecht ihre ganze Wohnung nach Kräutern. Opa hat sich daran gewöhnt, die Enkelkinder schnuppern gerne die würzigen Gerüche, Mami rümpft die Nase, und Papa meint, man könne auch mal wieder lüften. So oder ähnlich erleben es manche Kinder.

Eine interessante Sache, einmal in Omas Kräuter-Apotheke hineinzuschauen. Kennen Sie sich da aus? Dann macht es Ihnen sicherlich Spaß, den Kindern mehr davon zu erzählen. Oder Sie schauen sich nach einer Großmutter um, die gerne ihr altes Wissen den Kindern weitergibt.

Zur Einstimmung in das Thema ein paar Rezepte, die Sie bei Bedarf mit den Kindern zubereiten können.

Omas Kräuter-Apotheke

Schnupfen
Eine Handvoll Kamillenblüten in eine Schüssel geben, heißes Wasser darüber gießen und die Dämpfe einatmen. Am besten ein Handtuch über Kopf und Schüssel ausbreiten.

Leichter Husten
Einen Eßlöffel Thymian mit einer halben Tasse Wasser aufbrühen, 20 Minuten ziehen lassen, abseihen, mit Honig süßen und langsam, löffelweise trinken.

Starker Husten
50 g Kandiszucker mit etwas Wasser und einer kleinen Zwiebel aufkochen, abseihen, vom Sirup stündlich einen kleinen Löffel einnehmen.

Halsschmerzen
Stündlich mit einer halben Tasse Salbeitee gurgeln.

Omas Rezeptbuch

Wie wäre es, wenn Sie mit den Kindern eine Sammlung solcher Heilkräuter- oder Süßigkeiten-Rezepte anlegen würden? Ein Brief an die Mütter und Großmütter fordert zum Mitmachen auf. Alle Rezepte werden kopiert, eventuell neu geschrieben, zusammengeheftet, und jedes Kind illustriert die Seiten seines Rezeptbuches.

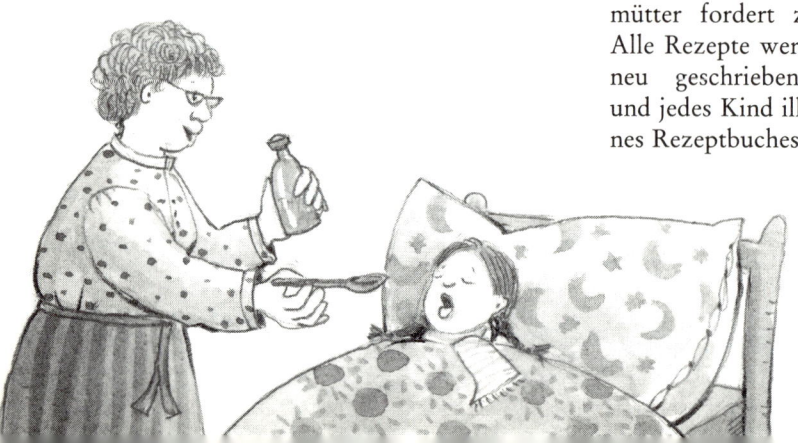

Am besten selbstgemacht!

Oma ist gegen Gummibärchen „und all das süße, künstliche Zeugs!" sagt sie. Aber weil sie auch gerne süße Sachen nascht, macht sie ihre Schleckereien selbst. „Da weiß man wenigstens, was drin ist!" erklärt sie.

Da können die Kinder mithalten! Und wie wird die Großmutter staunen, wenn beim nächsten Besuch die mitgebrachten Bonbons und Kekse von den Kindern selbstgemacht sind!

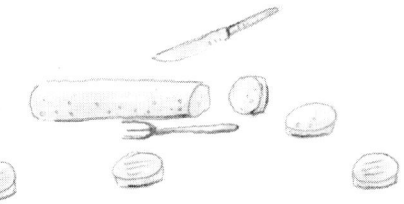

Feine Kekse

Weil Oma nicht mehr so gut beißen kann, mag sie nur weiche Kekse. Hier ein altbewährtes Rezept:

Man braucht dazu 100 g Mehl, 250 g Mondamin, 250 g Margarine, 100 g Puderzucker, 1 Päckchen Vanillezucker, ein eingefettetes Backblech.

Alle Zutaten in eine Schüssel geben, miteinander verkneten, den Teig etwa eine Stunde im Kühlschrank kühl stellen. Dann daraus eine lange, etwa 3 cm dicke Rolle formen, mit einem Messer etwa 1 cm dicke Rädchen abschneiden, auf das Backblech legen, mit der Gabel etwas breitdrücken, das gibt feine Linienmuster, dann bei 175°C etwa 15 Minuten backen.

Pfefferminz-Bonbons

Das könnten Omas Lieblings-Bonbons werden!

Man braucht dazu 240 g Puderzucker, 7 Eßlöffel Wasser, 3 Tropfen Weinessig, 3 Tropfen Pfefferminzöl (aus der Apotheke).

Zucker, Wasser und Essig in einem Topf 10 Minuten lang kochen, dabei ständig rühren. Sobald der Zucker Fäden zieht, die Zuckermasse in eine Schüssel umfüllen, abkühlen lassen und Pfefferminzöl dazugeben. Mit einer Gabel so lange die Masse durchschlagen, bis diese dickflüssig und weiß ist. Dann mit einem kleinen Löffel einzelne Portionen herausnehmen, mit den Händen kleine Kügelchen formen, diese auf Alufolie legen, zu Talern flachdrücken und trocknen lassen.

So macht man die Zuckerfadenprobe: Mit einem Zahnstocher einen Tropfen von der Zuckermasse aufnehmen, den Tropfen mit zwei Fingern zusammendrücken, die Finger wieder auseinanderziehen, wenn sich dann ein Zuckerfaden von einem Finger zum anderen spannt, ist die Masse fertig gekocht.

Oma kennt
den lieben Gott

Über Gott reden

Der Himmel, die Engel und der liebe
Gott, diese Themen beschäftigen die
Kinder sehr. Interessant ist zu beobachten, daß sie darüber nicht mit jedem reden, sondern nur mit geliebten, vertrauten Menschen. Über Gott reden ist für
Kinder weniger Glaubenssache, sondern
eher Vertrauenssache. Meistens sind es
die Großmütter, die dieses Vertrauen
der Kinder genießen. Warum wohl?
Das könnten die Gründe dafür sein:
Die Oma hat oft ähnliche Vorstellungen
und Bilder von göttlichen Dingen und
gebraucht ähnliche Worte, um das zu
beschreiben, was sie empfindet und
glaubt. Mit der Oma können die Kinder
richtig ernsthaft darüber reden. Jeder
sagt ehrlich und offen, was er denkt.
Die Großmutter hat klare und verständ-
liche Antworten auf die Kinderfragen
und redet nicht herum.
Und wie steht es mit Ihnen? Gehören
Sie zu den Erwachsenen, die bei den
Kinderfragen über den lieben Gott nur
zögernd antworten können, weil Sie
zum Beispiel nicht wissen, wie der liebe
Gott aussieht, wo er wohnt, warum er
Krieg und Armut zuläßt, ob er alle Gebete hört und alles sieht?
Die beste Unterstützung bei Gesprächen
mit Kindern zu diesem Thema könnte
Ihnen also eine Großmutter geben!

Oma weiß die Antwort

Kennen Sie eine Großmutter, die einen
festen Glauben hat, in ihren Gebeten
mit Gott spricht und sonntags gerne in
die Kirche geht? Wie wäre es, wenn Sie
den Kindern von Ihren persönlichen
Gesprächen mit dieser Großmutter erzählen? Dann könnten Sie Ihre eigene
Unsicherheit in der Beantwortung mancher Kinderfragen zugeben und hätten
dennoch Antworten für die Kinder bereit. Eben die Antworten, die Sie von
der Großmutter erhielten.

Glaube gibt Sicherheit

Glaube kann den Kindern Sicherheit
und Geborgenheit geben. Das Vertrau-
en, daß der liebe Gott da ist, die Gebete
hört, dem Kind zur Seite steht, ihm hilft
und es beschützt, dieses Vertrauen
macht Kinder mutig und stark.
Eines darf dabei nicht mißverstanden
werden, daß nämlich der liebe Gott alles
für das Kind erledigen und regeln würde, wenn dieses ihn nur artig darum bitten würde. Die Verantwortung für das,
was man tut, muß jeder selber tragen!
Nachfolgend eine kurze Geschichte, die
Sie den Kindern erzählen könnten, als
Einstieg für weitere Gespräche.

Glauben ist ein gutes Gefühl

Lenas Großmutter ist eine fromme Frau. Sie glaubt, daß Gott alles recht macht, daß alles im Leben einen Sinn hat und daß die Menschen von Gott geliebt werden. Sie hat großes Vertrauen zu Gott. Abends vor dem Schlafengehen betet sie zu Gott. Das ist wie ein Gespräch mit ihrem besten Freund. Sie erzählt ihm ihre Probleme, gesteht ihm ihre Ängste und Sorgen, sie bittet um seine Hilfe, wenn jemand krank ist. Sie sagt ihm, wenn sie etwas falsch gemacht hat und daß sie es nächstes Mal besser machen will, und sie bedankt sich, wenn sie einen schönen Tag erlebt hat. Nach dem Gespräch mit Gott ist sie ruhig, zuversichtlich, voller Hoffnung und Freude. Ein schönes Gefühl!

Das spürt Lena, wenn sie bei ihrer Großmutter in Ferien ist und die Oma sich abends an Lenas Bett setzt und mit ihr betet. Manchmal redet dann Lena auch mit dem lieben Gott, sagt ihm, was sie bedrückt, und bittet ihn, ihr zu helfen. Und Oma erklärt, daß er sicher ihr Gebet erhören wird. Dann spürt Lena auch dieses schöne Gefühl und kann ruhig einschlafen.

Wo aber ist der liebe Gott?

Das wissen die Kinder längst: Der Himmel ist überall und nicht nur oben. Hinter dem Himmel ist das Weltall, die Erde ist rund und dreht sich, der Mond besteht aus Kratern, und die Sterne sind kleine Sonnen und weit weg. Das und vieles mehr ist für kluge Kindergartenkinder kein Geheimnis mehr, denn in Bilderbüchern und Fernsehsendungen wird es ihnen anschaulich erklärt.

Wo aber ist der liebe Gott?

Oma meint: im Himmel! Den Himmel und den lieben Gott gab es schon immer, auch vor der Entstehung der Erde, und wird es immer geben.

Fragen Sie die Kinder, wie sie sich Gott und den Himmel vorstellen. Kinder haben manchmal ganz andere und sehr besondere Ideen dazu. Lassen Sie die Vorstellungen und Bilder der Kinder gelten, korrigieren und werten Sie nicht.

Im Gespräch werden die Kinder selber erkennen, wie jeder ein bißchen eine andere Vorstellung von Gott hat. Das ist eine gute Voraussetzung für das nächste Gespräch mit Oma!

Wichtig ist, daß die Kinder lernen, diese Unterschiede zu akzeptieren und auszuhalten; daß sie zu ihren eigenen Glaubensvorstellungen stehen und andere Glaubensauffassungen tolerieren können.

Oma und der liebe Gott

Text und Melodie: Gerhard Schöne

Der liebe Gott kann so klein sein wie das Haar einer Laus.
Und so groß wie das Weltall, Oma kennt sich da aus.
Denn sie spricht mit ihm täglich, nein, nicht am Telefon.
Sie schließt einfach die Augen, und dann hört er sie schon.

Der liebe Gott wohnt im Herzen. Omas Herz ist sein Haus,
schön geschmückt und erleuchtet, Oma kennt sich da aus.
Oma liebt ihn. Ich denke, daß auch er sie sehr liebt.
Seh' ich in Omas Augen, weiß ich, daß es ihn gibt.

An den anderen denken!

Trennungsschmerz

Wenn es bei den Großeltern so richtig schön war, dann fällt den Kindern die Trennung schwer, und Tränen fließen, weil der Abschied weh tut. Auch die Großeltern sind traurig, manche Omi verdrückt eine Träne, und mancher Opi schneuzt heftig in sein Taschentuch, wenn die Enkelkinder wieder fortziehen.

Manchmal sehnen sich die Kinder richtig nach den Großeltern, wollen die beiden wiedersehen, ein Weilchen bei ihnen sein, mit ihnen spielen oder Geschichten austauschen. Vor allem dann, wenn die Eltern nicht so viel Zeit für die Kinder haben, werden die Großeltern sehr vermißt.

Es ist nur ein kleiner Trost zu wissen, daß man die Großeltern ja bald wiedersehen wird. Vielleicht kann ein Brief oder ein Telefongespräch über den Trennungsschmerz hinweghelfen. Vielleicht auch mal vom Kindergarten aus? Nachfolgend drei weitere Ideen, wie Sie den Kindern helfen können, diese Trennung von den geliebten Großeltern oder von anderen lieben alten Menschen besser ertragen zu können.

Worte in den Himmel pusten

Annes Großmutter hat sich etwas ganz Besonderes ausgedacht:

Sie schenkte ihrer Enkeltochter ein kleines Windrädchen. Damit kann Anne ihrer Großmutter Grüße schicken:

Sie sagt ihren Gruß zuerst dem Windrädchen, dann öffnet sie das Fenster und pustet ihre Worte aus dem Windrädchen hinaus in die Luft. Jetzt trägt der Wind die Grüße zu Oma, egal, wo und wie weit sie weg wohnt, der Wind kommt überall hin. Und wenn Oma in ihrem Wohnzimmer das Fenster öffnet, wird Annes Gruß hereinfliegen. Das merkt sie daran, daß sie plötzlich an Anne denken muß! Dann ist der Gruß angekommen.

Der Wind sagt es weiter!

David hat sich auch etwas ausgedacht und mit seinem Großvater vereinbart: Wenn er Heimweh nach Opa Arthur hat, dann formt er seine Hände zu einer Kugel und flüstert durch einen Spalt zwischen den Fingern seine Grüße und liebe Worte für Opa hinein. Jetzt kann er draußen auf dem Balkon seine Grüße an Opa dem Wind übergeben. Er öffnet seine Hände und wirft die Worte in die Luft, und der Wind übernimmt die Botschaft und trägt sie zu Opa. Der spürt, wenn David ihm einen Gruß geschickt hat. Denn dann kommt ihm plötzlich sein Enkelsohn in den Sinn!

Sternengespräche

Judith und ihre Großmutter können sich einen Sternengruß schicken:
Jeden Abend, oder zumindest so oft es geht, schauen die beiden in den Abendhimmel und suchen sich einen schönen, leuchtenden Stern aus. Dem schicken sie ihre Grüße, Wünsche und Gedanken.
Die Oma erzählt dem Stern zum Beispiel, wie oft sie heute an ihre Enkeltochter gedacht hat, und wünscht ihr eine gute Nacht und schöne Träume.
Und Judith erzählt dem Stern oft, was sie heute Schönes erlebt hat, wie sehr sie ihre Großmutter mag, und wünscht ihr Gesundheit und eine gute Nacht!
Beide wissen, daß die andere abends auch einen Stern anschaut und an sie denkt. Vielleicht ist es sogar der gleiche Stern, den sie am Abend anschauen? Das stimmt sie fröhlich und tröstet ein bißchen über die Trennung hinweg!
Und wenn sie sich wiedersehen, erzählen sie sich von ihren Sternengesprächen.

Abschied für immer

Miteinander weinen können

Viele Erwachsene haben Scheu davor, mit ihren Kindern über das Sterben oder den Tod zu sprechen. Vielleicht, weil sie selbst dafür keine Worte haben, weil sie das Unfaßliche nicht begreifen können oder wollen, weil sie befürchten, keine Antworten auf die Kinderfragen zu wissen, oder weil sie einfach selber weinen und die Kinder mit ihrer Trauer nicht belasten wollen.

Alle Bedenken sind berechtigt, doch zeigt die Erfahrung, daß Kinder auch über den Tod sprechen wollen und können, daß sie genauso die Trauer um geliebte Menschen in sich tragen und nach Formen suchen, dieses starke Gefühl des Abschiedsschmerzes zu durchleben und zu verarbeiten.

Helfen Sie Eltern *und* Kindern, damit sie miteinander reden und auch weinen können.

Miteinander reden können

Kinder begegnen dem Tod auf unterschiedliche Weise. Das kann der kleine Vogel im Garten sein, der sie zum ersten Mal damit konfrontiert, oder der noch kleinere Marienkäfer. Das kann aber eines Tages auch ein Nachbarskind sein, das stirbt, oder die geliebte Großmutter. Und das sind die Momente für Sie, mit den Kindern über Sterben und Tod reden zu können. Die Kinder werden Ihre Worte hören und dabei erfahren, wie man seine Gefühle mit der Sprache ausdrücken und anderen mitteilen kann. Und sie werden Ihre Gedanken kennenlernen, die sie dann mit ihren eigenen Gedanken verknüpfen, um die Trauer zu verarbeiten. So können Sie den Kindern helfen, das Unverständliche langsam zu verstehen.

Sag es dem Wind!

Wenn Oma oder Opa nicht mehr leben, dann müssen die Kinder Abschied für immer nehmen. Aber die Gedankenspiele, die sie zu Lebzeiten mit ihnen gespielt haben, die können sie immer noch einsetzen. Zum Beispiel die Trauer dem Windrädchen sagen oder die Tränen in die Hand weinen und dem Wind übergeben, siehe Seite 71.

Jetzt bekommen die Spiele einen neuen Sinn!

Erinnerungen bleiben lebendig

Wenn die Kinder mit ihren Großeltern viele schöne Erlebnisse gehabt und gemeinsam viel unternommen und miteinander gespielt haben, dann bleiben auch viele Erinnerungen im Gedächtnis. Sie sind wie schöne Geschichten in einem Kinder-Bilderbuch.

Und das ist es, womit Sie den Kindern helfen können: Machen Sie in Gesprächen diese Erinnerungen wieder lebendig, malen Sie mit dem Kind ein Gedanken-Bilderbuch aus. Und die Seiten in diesem Phantasiebuch werden gefüllt mit Erinnerungen an die Spiel- und Bastelzeit mit Oma oder Opa, mit den Gedanken an die Gespräche mit den Großeltern, mit ihren Geschichten von früher und all den vielen gemeinsamen Erlebnissen.

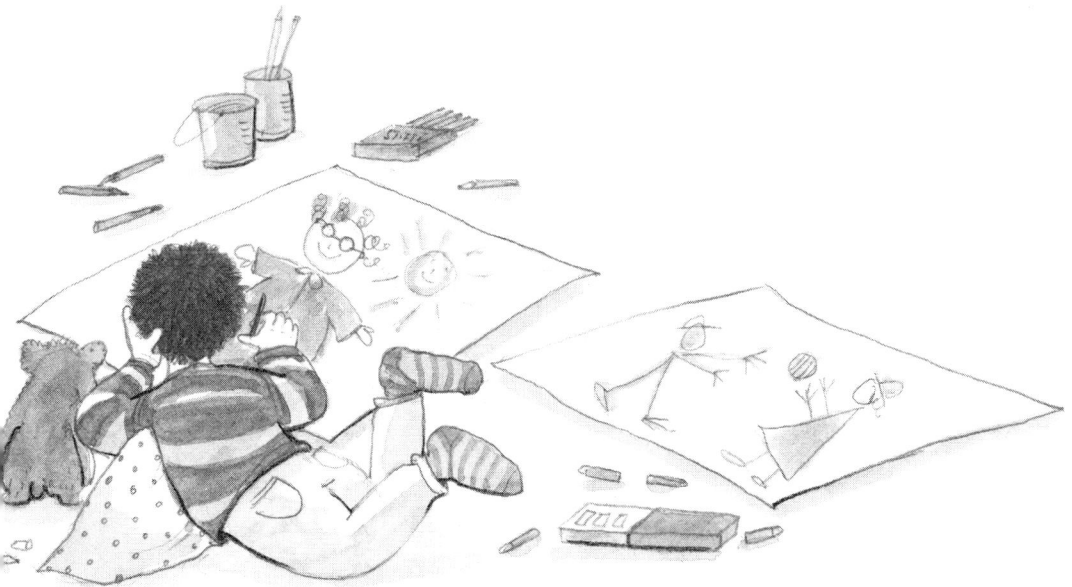

Nostalgie erlaubt

Die alte Zeit wird lebendig

Kinder haben für Vergangenheit und Zukunft noch kein Verständnis, sie leben im Hier und Jetzt, gestern ist lange her, und morgen ist weit weg. Wie also kann man Kindern für die alte Zeit, für ein bißchen Zeitgeschichte interessieren? Zum Beispiel mit Geschichten von den Großeltern, als diese selbst noch Kinder waren und auch in den Kindergarten oder in die Schule gingen, oder mit Bemerkungen, daß früher diese Welt ganz anders aussah, die Straßen, die Häuser, die Kleider, die Spielsachen. Je erlebnisreicher diese Berichte von früher ausgeschmückt werden, mit vielen Details und Beschreibungen aller Sinneswahrnehmungen, desto aufmerksamer hören die Kinder zu. So können sie sich diese vergangene Zeit in ihrer Phantasie vorstellen und ausmalen. Dann werden sie neugierig Fragen stellen, vielleicht auch kichern und sich amüsieren, aber auch nachdenklich und betroffen sein, und vor allem mehr erfahren wollen von dieser wunderlichen alten Welt.

Die Nostalgie-Ecke

In einer Nostalgie-Ecke kommt die richtige Stimmung auf. Von jetzt an werden nur noch dort die Geschichten von früher erzählt, die alten Märchen vorgelesen, die alten Fotoalben und Bilderbücher angeschaut, die Spielsachen von damals gezeigt, die Kinderspiele erklärt. In dieser Ecke dürfen auch Oma oder Opa Platz nehmen, wenn sie zu Besuch kommen und etwas von früher erzählen. Kurzum: Dort trifft man sich, wenn es etwas über die gute alte Zeit zu sagen gibt.

Diese Nostalgie-Ecke kann zur festen Einrichtung eines Raumes werden oder so lange eingerichtet bleiben, wie Sie von Großeltern und früheren Zeiten berichten wollen.

Die Einrichtung

Und so zum Beispiel könnte die Ecke hergerichtet werden:
Ein großer alter Sessel wird in die Ecke gerückt. Man kann dafür auch einen Gartenstuhl mit hoher Lehne nehmen und ihn mit einer schönen altmodischen Decke verhüllen.
Hinter dem Sessel ist ein alter Vorhang oder Stoff drapiert, mit einem typischen, altmodischen Stoffmuster.
Auch ein Kleiderständer ist gut zu gebrauchen, dort hängen Kleider, wie sie früher getragen wurden, zum Beispiel Rüschenschürzen, gestrickte Kopftücher, wollene lange Strümpfe, alte Hüte.
Die Wand zieren Kinderfotos von damals, auch alte Gruppenfotos von Kindergarten- oder Schulkindern. Diese Bilder sind Familienalben entnommen. In einem Kopierladen kann man sie vergrößern lassen und einen passenden Holzrahmen dazu sägen, leimen und anmalen.
Neben dem Sessel steht ein kleines Tischchen mit einer alten kitschig-schönen Sammeltasse, daraus schmeckt auch heute noch der Kaffee oder Tee, den der Erzähler serviert bekommt.
In einem separaten Regal wird ein kleines Spielzeugmuseum eingerichtet, mit alten Bilderbüchern und Spielsachen. Und mit besonderer Erlaubnis darf damit auch gespielt werden. Vielleicht steht sogar ein alter Puppenwagen dabei, mit einer Puppe aus Omas Kinderzeit.

Woher nehmen?

Ein Plakat fordert die Eltern und Großeltern auf, in Truhen, Schubladen und Schränken nach Sachen aus früherer Zeit zu suchen und diese für ein paar Wochen auszuleihen, siehe Seite 62. In einer Liste wird dann genau notiert, wer was ausgeliehen hat und wie lange man es behalten darf.

Omas Kindergarten

Sicher wollen die Kinder eines Tages wissen, ob die Großeltern auch in einem Kindergarten waren, wie es dort aussah und was man da alles spielen konnte. Da gibt es einiges zu berichten. Vielleicht kennen Sie eine Großmutter, die als Kind im Kindergarten war und Lust hat, von damals zu erzählen? Ein bunt verzierter Brief könnte die Oma zum Mitmachen animieren. Vielleicht mit einem Foto der neu eingerichteten Nostalgie-Ecke, wie auf Seite 74 beschrieben?

Noch beeindruckender und lebendiger wird der Bericht, wenn daraus ein Mitmach-Theater für die Kinder entsteht. Das geht so: Sie oder eine Großmutter erzählen, wie es damals war, und mitten in der Geschichte werden die Kinder aufgefordert, die Szene nachzuspielen. Dazu ein paar Beispiele:

Geschichten zum Nacherleben

Erzählung: Die Begrüßung
Pünktlich um 8 Uhr wurde die Tür zum Kindergarten von der Tante aufgeschlossen. Tante sagten die Kinder zur Erzieherin, auch wenn sie keine richtige Verwandte war.
Vor der Türe warteten schon alle Kinder. Die Tante stellte sich an den Eingang und begrüßte jedes Kind mit einem Handschlag. Die Jungen mußten bei dieser Begrüßung einen Diener machen, die Mädchen einen tiefen Knicks. So war das damals üblich.

Spiel
Wollen die Kinder eine Begrüßungsszene nachspielen? Wie macht man einen Diener oder einen Knicks? Das muß man den Kindern genauer erklären.

Erzählung: Ordnung und Sauberkeit

Die Kinder trugen Schürzen, auch die Buben. Die Mädchenschürzen hatten oft Ärmelrüschen und zwei Schürzentaschen, die Jungenschürzen waren rund geschnitten und hatten eine Tasche in der Mitte. So sehen heute die Gärtnerschürzen aus.

In der Schürzentasche mußte immer ein sauberes Taschentuch sein. Wehe, wenn es schon am frühen Morgen schmutzig war!

Die Tante überprüfte auch, ob die Kinderhände und die Fingernägel sauber waren. Da mußten sich die Kinder der Reihe nach aufstellen und ihre Hände vorzeigen. Wie schimpfte die Tante über dreckige Finger, und wie schämten sich die Kinder! Mit Wurzelbürste und Seife ging es dann zum Waschbecken.

Spiel

Jetzt können die Kinder bei sich selber überprüfen, ob sie durch die Sauberkeits-Kontrolle der Kindergartentante durchgekommen wären. Wenn nicht, braucht man das den anderen nicht zu verraten!

Wer will erfahren und spüren, wie es ist, wenn man mit einer Wurzelbürste die Hände abschrubbt? Freiwillige vor!

Erzählung: Die Spielsachen

Es gab nicht viele Sachen zum Spielen, doch die Kinder hatten zu Hause oft noch weniger und freuten sich über die Spielsachen im Kindergarten.

Es gab zum Beispiel bunte Perlen zum Auffädeln, gelochte Karten zum Ausnähen, Papierstreifen und Flechtblätter zum Flechten.

Es gab Stoffpuppen und eine kleine Puppenstube. Diese bestand aus einem Zimmer, mit Tisch, zwei Stühlen, einem Schrank, einem Sofa. Alles aus Pappe und Holzspänen gebaut. Die Stoffpüppchen waren steif und hart, die Stoffkleider aufgeklebt.

Die Buben hatten einen Wagen mit zwei Holzpferden zum Spielen und Holzbauklötze und kleine Holzspielsachen wie Häuser, Bäume, Tiere und Männchen.

Zum Basteln gab es Stoffreste, Wollreste, altes Zeitungspapier, Scheren und selbstangerührten Leim.

Spiel

Perlen, Nähkarten und Flechtblätter gibt es auch heute noch, ebenso Puppen und Puppenstube, Pferdewagen und Bauklötze. Was also ist anders? Zeigen Sie den Kindern Spielzeug von früher, auch Bilder und Fotos. Dann können die Kinder den Unterschied selber entdecken.

Und welche Spielsachen gab es früher nicht im Kindergarten? Dies finden die Kinder bei einem Rundgang durch den Gruppenraum heraus.

Großvaters Grundschule

Was es da zu erzählen gibt, wird die Kinder in Staunen versetzen, ist kaum zu glauben und beinahe unwirklich. So also sah das Schülerleben von Opa und Oma aus?

Kennen Sie jemand, der aus seiner eigenen Schulzeit von damals berichten kann und Zeit und Lust dazu hat? Als Ehrengast darf er in der Nostalgie-Ecke Platz nehmen, siehe Seite 74. Vielleicht können Sie einen alten Leder-Schulranzen, eine Schiefer-Schreibtafel mit Schwamm und ein altes Griffelkästchen auftreiben, für die Kinder zum Anschauen und Anfassen.

Und wenn Sie keinen Vertreter der Großeltern-Generation für eine Erzählstunde finden, so können Sie selbst diesen Part übernehmen und den Kindern Interessantes aus der Schulzeit von damals berichten. Dazu ein paar Stichworte.

Die Schulklassen

In einer Schulklasse konnten 50 und mehr Kinder sein. In kleinen Schulen auf dem Lande waren sogar alle Klassen in einem einzigen Klassenraum, also Kinder von sechs bis vierzehn Jahren. Da lernten zum Beispiel die Kleinsten in den ersten Reihen einen neuen Buchstaben, während die Größten in der hintersten Reihe still ihre Rechenaufgaben lösen mußten.

An großen Schulen waren die Klassen nach Altersstufen getrennt, auch gab es häufig reine Mädchen- und Jungenklassen, in Großstädten sogar Mädchen- und Knabenschulen. Sehr reiche Familien stellten einen Hauslehrer für ihre Kinder an.

Die Klassenräume

Die Klassenzimmer waren mit besonderen Schulbänken ausgestattet. Es gab lange Sitzbänke für sechs Kinder, modern eingerichtete Klassenzimmer hatten Schreibpulte für zwei Kinder.

Dann gab es ein großes, hohes Lehrerpult und eine Wandtafel aus schwarzem Schiefer. Wenn der Lehrer mit Kreide darauf schrieb, quietschte das manchmal fürchterlich.

Ein großer Schrank mit Büchern und anderen Sachen für den Unterricht stand im Klassenraum, oft hingen auch Mäntel und Jacken an Kleiderhaken an der Wand.

Die Ordnung

Gutes Benehmen und Ordnung waren in der Schule genauso wichtig wie das Lernen. So achteten die Lehrer darauf, daß die Kinder kerzengerade saßen, beide Hände flach auf den Tisch legten, die Füße ruhig auf den Boden stellten. Da gab es kein Stühlewippen oder Füßescharren. Ohne Erlaubnis durfte keiner reden oder aufstehen. Und heimliches Kichern oder Lachen war erst recht verboten.

Wenn der Lehrer den Raum betrat, mußten alle Schüler aufspringen, sich stocksteif neben ihr Schreibpult stellen und gemeinsam und laut „Guten Tag, Herr Lehrer!" rufen.

Wer im Unterricht etwas sagen wollte, mußte die Hand strecken und, wenn er zum Reden aufgefordert wurde, aufstehen, laut und deutlich sprechen und sich gleich wieder in seine Schulbank setzen.

Die Strafen

Die Regeln waren streng, die Strafen hart. Da mußte man zum Beispiel in der Ecke stehen, mit dem Gesicht zur Wand, der Lehrer durfte Ohrfeigen austeilen, die Ohren langziehen, Schläge mit dem Rohrstock auf die Handinnenfläche geben oder mit einer Peitsche den Hintern versohlen. Wie gut, daß das heute alles nicht mehr erlaubt ist!

Für die Kinder galt es, gewaschen und gekämmt zur Schule zu kommen. Freche Strubbelhaare mußten mit Fettcreme und einem geraden Scheitel und wilde Mädchenlocken mit Zöpfen und Schleifen gebändigt werden. Der Lehrer kontrollierte die sauberen Hände und schaute auch nach, ob Hals und Ohren gewaschen wurden.

Selbst einmal ausprobieren

Dies alles ist für Kinder in heutiger Zeit unverständlich. Wie konnte man das damals nur ertragen? Da heißt es: Selbst mal ausprobieren!

Was wollen die Kinder nachspielen? Sicher nicht das Ohrenlangziehen oder Schläge geben. Aber vielleicht das Aufrechtsitzen oder laut Begrüßen?

Jetzt ist das Interesse der Kinder geweckt, mehr über die Schulzeit der Großeltern zu erfahren, und bestimmt werden sie zu Hause nachfragen. Ob Opa als Schüler auch Streiche gemacht hat? Na klar! Aber ob er diese den Kindern verraten wird, das ist eine andere Sache!

Jungenspiele

Früher hatten die Jungen andere Spielsachen als die Mädchen, weil die Jungen im Spiel anderes lernen sollten als die Mädchen. Da gab es zum Beispiel Modellbaukästen, kleine Ziegelsteine, Eisenbahnen, kleine Pferdegespanne mit Holzpferdchen, Segelboote, Zinnsoldaten, Dampfmaschinen.

Nur manchmal bekam ein Junge einen Teddybären zum Spielen. Aber eine Puppe? Nein, leider nicht! Und die Mädchen? Die sollten frühzeitig lernen, eine gute Hausfrau und Mutter zu werden. Deshalb hatten sie Spielsachen wie Puppen, Puppenwagen und Puppenherd. Besonders wichtig war für Mädchen damals auch, sich mit Handarbeiten zu beschäftigen.

Sicher ist es interessant, mit den Kindern darüber zu sprechen, was heute anders und warum es normal ist, daß die Jungen auch mit Puppen und Puppenherd spielen und die Mädchen mit Autos, Eisenbahn und Baukästen!

Oder sollten bei den Kindern noch die alten Vorurteile der Großeltern vorherrschen? Dann gäbe es einiges zu klären!

Bastelspaß für Opa und Enkel

Ob die Kinder „Knabenspiele" von früher kennenlernen und selber basteln wollen? Dazu zwei Vorschläge, die die Kinder im Kindergarten und vielleicht ein zweites Mal zu Hause zusammen mit dem Großvater machen können.

Rindenschiffchen

Da wird Opas Herz lachen, wenn ihm sein Enkelkind ein selbstgefertigtes Rindenschiff zeigt. Und das geht so:

Bei einem Waldspaziergang sucht sich jedes Kind ein passendes Stück Rinde aus und einen kleinen Ast als Segelmast. Als Segel kann man ein Blatt oder ein Papier nehmen.

Und wie alles zusammengebaut wird, das zeigen Sie den Kindern in einer extra Bastelstunde.

Vielleicht wird später der Opa seinem Enkel ein Schiffchen aus Holz schnitzen?

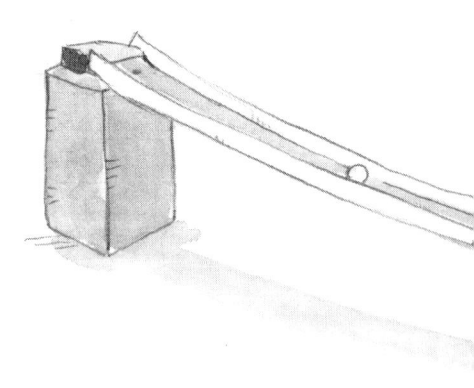

Murmelbahn

Murmelspiele gehören zu den ältesten Spielen der Welt, und ganz bestimmt hat jeder Opa als Kind auch mit Murmeln gespielt. Ob er wohl immer noch Spaß daran hat und Lust, mit seinem Enkel eine Kullerbahn für die Murmeln zu bauen?

Auch im Kindergarten kann man so eine selbstgebaute Murmelbahn prima gebrauchen. Schon das Basteln ist eine spannende Sache, denn alle Kinder können mitmachen. Und wenn ein Kind einmal das Bauprinzip dieser Murmelbahn verstanden hat, wird es bestimmt auch zu Hause eine Bahn basteln und bauen wollen, und dann könnte ja der Opa mitmachen!

Man braucht dazu viele kleine, leere Schachteln, auch Streichholzschachteln, und Pappkarton. Dieser wird in ca. 10 cm breite Streifen geschnitten, auf beiden Längsseiten eine Kante hochgeknickt, und an beiden Enden eine Lasche eingeschnitten, wie auf der Zeichnung zu sehen ist. Jetzt kann man die Streifenlaschen in die Schachteln schieben und auf diese Weise die einzelnen Pappkarton-Bahnen zu einer großen Kullerbahn zusammenstecken.

Die Kinder probieren selbst aus und besprechen miteinander, wie lang und wie hoch die Murmelbahn sein soll. Weil alle Teile wieder auseinandergenommen werden können, kann man hier prima experimentieren und immer wieder eine andere Murmelbahn konstruieren.

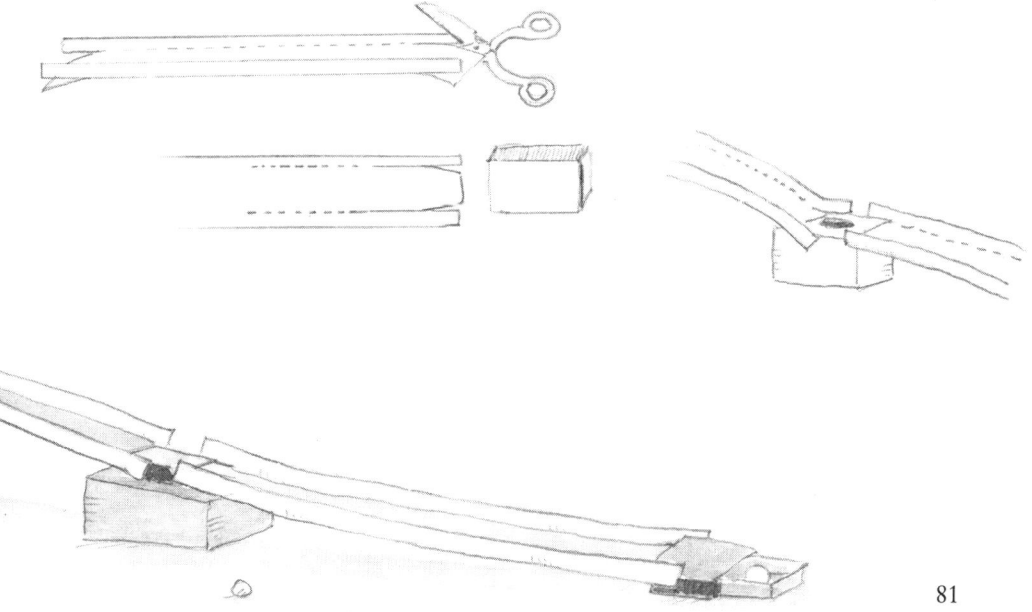

Opa und ich

Text und Melodie: Gerhard Schöne

Der Ne - bel— steigt vom See em - por. Wir ru - dern früh hin - aus.— aus.—
So - gar die Vö - gel schla - fen noch. Ich werf' die An - gel

Mein O - pa sieht mir schwei - gend zu, zeigt manch - mal dies und das.—

Sonst könn - ne ich nie ru - hig sein. Mit ihm macht Still - sein Spaß.

Refr.:
O - pa und ich, ich und mein O - pa,
Bit - te bleib' lang, lang noch am Le - ben.

O - pa und ich.
Ich brau - che dich!

Der Nebel steigt vom See empor. Wir rudern früh hinaus.
Sogar die Vögel schlafen noch. Ich werf' die Angel aus.
Mein Opa sieht mir schweigend zu, zeigt manchmal dies und das.
Sonst könnte ich nie ruhig sein. Mit ihm macht Stillsein Spaß.
Opa und ich, ich und mein Opa, Opa und ich.
Bitte bleib' lang, lang noch am Leben. Ich brauche dich!

Aus einem Ast schnitzt er ein Boot und setzt das Segel ein.
Zwei Männlein knetet er aus Teig, das soll'n wir beide sein.
Und Opa legt den Arm um mich, ich winke seinem Boot.
He, Schiff ahoi! Auf große Fahrt, hinein ins Morgenrot.
Opa und ich, ich und mein Opa, Opa und ich.
Bitte bleib' lang, lang noch am Leben. Ich brauche dich!

Mädchenspiele

Die Mutter oder die Erzieherin haben früher viele Spielsachen für die Kleinen selbstgemacht. So konnten sie zum Beispiel vor den Augen der staunenden Kinder aus Taschentüchern eine Puppe oder ein Zipfelkasperle zaubern.

Taschentuch-Zauberei

Zeigen Sie den Kindern diese Taschentuch-Zauberei, das geht recht einfach. Und wenn die Kinder gut aufpassen, können sie es nachmachen – und vielleicht beim nächsten Kaffee-Besuch bei Oma vor ihren Augen aus der Serviette ein Kasperle knüpfen, das mit der Oma ein lustiges Gespräch führen will. Die Modelle hier sind einem alten Beschäftigungsbuch entnommen.

Zipfel-Kasperle

Aus einem Taschentuch entsteht blitzschnell ein lustiges Kasperle mit Zipfelmütze. Wer kein Taschentuch hat, kann auch ein quadratisches Stück Stoff nehmen oder eine Serviette.
Drei Ecken werden jeweils zu einem Zipfel locker geknotet und die Knoten über drei Finger geschoben. Fertig ist der Kasperl und kann mit seiner Zipfelmütze wackeln, lustige Geschichten erzählen oder freche Abzählverse verraten.

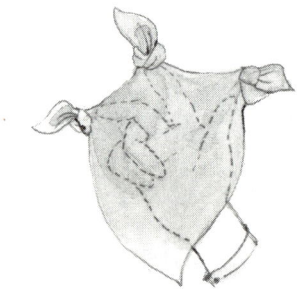

Schmusepuppe

Man braucht dazu ein kleines und ein großes quadratisches Stück Stoff, zum Beispiel mit den Seitenlängen von 20 cm und 40 cm. Früher nahm man dazu zwei Stofftaschentücher. Beide Stoffe werden aufgerollt, die große Rolle wird zur Hälfte umgeknickt, die kleine Rolle dazwischen geschoben. Mit Faden werden Kopf, Hände und Füße abgebunden, dann die Arme mit einem Fadenkreuz über der Brust festgebunden. Die Puppe bekommt natürlich auch ein Kleidchen genäht.

Rotkäppchen im Schachtel-Theater

Ein Papier-Theater war für Kinder damals ein wertvolles Spielzeug und wurde meist aufwendig und kunstvoll hergestellt. In Museen kann man diese alten Papier-Theater heute noch bewundern.

Vielleicht haben die Kinder Lust, sich so ein kleines Theater selbst zu bauen? Wenigstens ein einfaches Modell, das man unter den Arm klemmen und beim nächsten Großelternbesuch mitnehmen kann.

Eine Schuhschachtel ohne Deckel ist die Theaterbühne. Bei einer der beiden Breitseiten wird eine große Fläche herausgeschnitten und durch einen kleinen Theatervorhang ersetzt. Dieser wird einfach oben am Rand aufgeklebt und während der Vorstellung zur Seite gebunden.

Die Figuren werden gemalt, ausgeschnitten und auf lange Kartonstreifen geklebt, so daß man sie von oben halten kann.

Auch Kulissen werden gemalt und ausgeschnitten, auf Holzstäbchen geklebt und so über den Schachtelrand gelegt, daß sie in die Bühne herabhängen.

Bei der Aufführung erzählt man die Geschichte und führt gleichzeitig die Figuren im Schachtel-Theater.

Beim Rotkäppchen-Spiel treten auf: Rotkäppchen, Großmutter, der Jäger und der Wolf. Als Kulissen braucht man Wald, eine Blumenwiese, eine Stube mit dem Bett der Großmutter und einen Brunnen, in den der Wolf plumpst.

Spiele drinnen

Schade, daß viele Großeltern mit den neuen Spielsachen der Kinder nicht zurechtkommen und die bildhübsche Barbiepuppe häßlich und den rasenden Mario im Gameboy-Spiel langweilig finden. Das wiederum kränkt die Kinder, und sie ziehen mit ihren Spielsachen beleidigt ab.

Die Spiele-Klassiker

Doch was können die Kinder und ihre Großeltern dann miteinander spielen? Hier ein Vorschlag:
Wie wäre es mit den beliebten, altbekannten Tischspielen, die Oma und Opa sicher gut kennen, weil sie diese Tischspiele auch als Kind gespielt haben! Dazu gehören zum Beispiel Mensch-ärgere-dich-nicht, Mühle, Dame, Domino, Angelspiel, Malefiz, Schwarzer Peter, Bilderlotto, Spitz-paß-auf und Leiterspiel.
Weil heute das Spielangebot von Tisch- und Würfelspielen übergroß geworden ist, ist es nicht mehr selbstverständlich, daß die Kinder diese Spiele-Klassiker kennen. Wenn nicht, ist es höchste Zeit, dies nachzuholen! Und Spaß macht es den Kindern ganz bestimmt, so daß sie die Spiele auch im Kindergarten spielen und üben wollen.

Alte Spiele neu entdeckt

Besitzen Sie selbst noch ein altes Tischspiel von früher? Zeigen Sie es den Kindern – und nur sehr sorgfältig dürfen diese dann damit umgehen, wenn sie das Spiel lernen und ausprobieren wollen. Das wäre der beste Einstieg für die Spielewoche:
Eine Woche lang lernen die Kinder jeden Tag ein anderes altes Spiel. Zu diesem Zweck sind extra Spieltische in einer Ecke aufgestellt. Die Spiele bleiben dort während der Spielewoche liegen. So können die Kinder jederzeit mit Freunden das neu gelernte Spiel üben.
Vielleicht kennen Sie auch Großeltern, die Lust und Zeit haben, während dieser Spielewoche jeden Tag morgens eine Stunde in den Kindergarten zu kommen, ihre alten Spiele mitzubringen und mit den Kindern zu spielen? Ein Aushang, von den Kindern bunt bemalt, oder ein Eltern-Großeltern-Brief könnte zum Mitmachen einladen.

Alte Spiele selbstgemacht

Eine Bastelidee: Sie zeichnen eine einfache Version des Spielplans auf ein Blatt Papier und geben jedem Kind eine Kopie davon zum Ausmalen. Der Spielplan wird auf Pappe aufgeklebt und ein Falz auf der Rückseite des Plans eingeritzt, damit die Pappe beim Zusammenklappen nicht bricht. Jeden Tag bekommen die Kinder einen neuen Spielplan und haben bald eine tolle Spiele-Sammlung.

Spielfiguren
Wenn Spielfiguren gebraucht werden, dann können die Kinder entweder kleine Figuren aus der Spielzeugkiste nehmen oder Spielfiguren selber basteln, zum Beispiel runde Scheiben aus Papier oder Pappe ausschneiden oder kleine Spielmännlein aus Knete, Ton oder Salzteig formen und anmalen.

Spielekoffer
Eine bunt beklebte Schuhschachtel ist bestens geeignet zur Unterbringung der Spielesammlung. Da hinein kommen alle selbstgemalten Spielpläne und Spielfiguren. Und dieser Spielekoffer ist bestimmt beim nächsten Großelternbesuch im Reisegepäck!

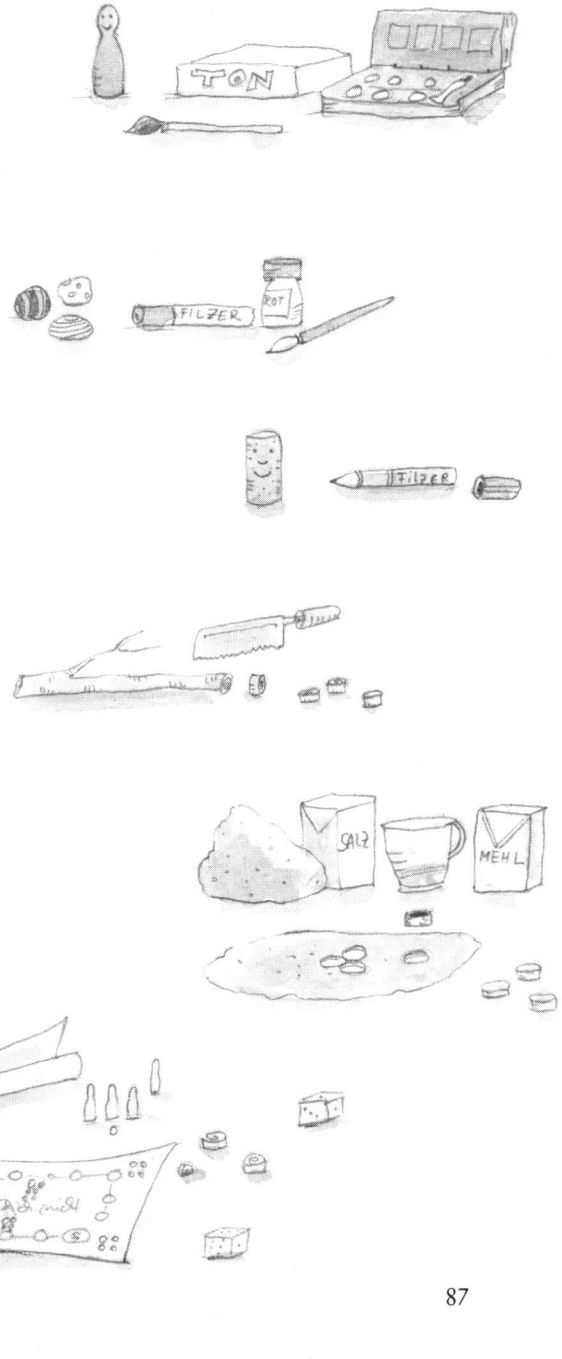

87

Spiele draußen

Als die Großeltern noch Kinder waren, war die Straße der Spielplatz. Denn es gab kaum Autos, und die wenigen Fahrzeuge, die hin und wieder im langsamen Tempo vorbeifuhren, hörten die Kinder schon von Ferne knattern und konnten rechtzeitig zur Seite gehen.

Es gab früher noch andere tolle Spielgelände, zum Beispiel verwinkelte Häuser mit großen Hinterhöfen, alte Schuppen und Scheunen und die Ruinen der Häuser, die im Krieg zerstört und noch nicht wieder aufgebaut worden waren. Da trafen sich die Kinder, große und kleine, freche und schüchterne, Jungen und Mädchen. Je größer die Kindergruppe war, desto schöner war das Spiel.

Hier ein paar Kinderspiele aus dieser alten Zeit, die zum Teil heute noch mit etwas anderen Spielregeln gespielt werden und ganz bestimmt den Kindern gefallen. Interessant zu wissen, daß auch die Großeltern diese Spiele kannten! Am besten, die Kinder fragen beim nächsten Großelternbesuch selbst nach!

Kaiser, wieviel Schritte gibst du mir?

Ein Kaiser wird ausgezählt. Er stellt sich in einiger Entfernung den Mitspielern gegenüber, diese stehen in einer Reihe. Der Kaiser muß sich umdrehen und darf die anderen nicht sehen. Der Reihe nach rufen und fragen die Kinder den Kaiser: „Kaiser, wieviel Schritte gibst du mir?" Der Kaiser kann verschiedene Schritte vergeben, zum Beispiel drei Entenschrittchen, zwei Riesenschritte, fünf Hüpfer auf einem Bein, einen Riesensprung mit Anlauf. Wer mit seinen zugeteilten Schritten zuerst beim Kaiser ankommt, wird neuer Kaiser des nächsten Spiels.

Der König ist nicht zu Hause!

Mit einem Abzählvers wird der König bestimmt. Die anderen Mitspieler sind der Hofstaat und haben allerhand zu tun, zum Beispiel Essen kochen, Tisch decken, Pferdekutsche fahren. Jedes Kind sucht sich eine Tätigkeit am Hofe des Königs aus und zeigt pantomimisch, was es macht.
Wenn der König ruft: „Der König ist zu Hause!", sind alle tüchtig bei der Arbeit. Ruft der König aber: „Der König ist nicht zu Hause!", dann läßt der ganze Hofstaat seine Arbeit ruhen, tanzt und rennt herum und macht allerhand Schabernack. Kaum ruft der König wieder: „Der König ist zu Hause!", geht die fleißige Arbeit am Hofe weiter.
Wie lange geht das Spiel? Das bestimmen die Kinder vorher.

Fangen

Fangspiele gab es schon immer! Rund um die Welt spielten früher und spielen heute die Kinder Fangen. Und nicht nur die Menschen, auch Tiere kennen das Fangspiel und üben sich von klein auf darin, zum Beispiel Hunde und Katzen und sogar Löwen und Elefanten.
Na, da staunen die Kinder, wenn sie das hören, und haben bestimmt Lust, auch gleich hintereinander herzurennen und sich einzufangen.
Hier eine besonders spaßige Variante des Fangspiels von früher:
Der Fänger wird ausgezählt. Der flitzt nun hin und her und versucht, die anderen abzuschlagen. Hat er zum Beispiel jemanden am Bein erwischt, muß dieser wie versteinert stehenbleiben und eine Hand an die berührte Stelle, also das Bein, legen. Wie lustig das aussieht, wenn nach und nach die anderen Kinder krumm und schief herumstehen! Sie sind erst erlöst, wenn alle gefangen und abgeklatscht sind. Dann beginnt das Spiel wieder von vorne.

89

3. Kapitel

Die große Verwandtschaft

Großfamilie

Eigene Erinnerungen

Erinnern Sie sich noch daran, wie Sie als Kind ein großes Familientreffen erlebt haben? Was war schön und was fremd? Was hat Sie beeindruckt und was verängstigt? Was war aufregend und was langweilig? Werden Ihre Gefühle von damals wieder wach und lebendig?

Wenn es Ihnen gelingt, ein Familientreffen aus der Perspektive eines Kindes zu schildern, mit all den Gedanken, Gefühlen und Beobachtungen, die ein Kind in dieser Situation haben kann, dann ist das der beste Einstieg in das Thema „Verwandtschaft".

Sie könnten auch von Moritz und seiner ersten Begegnung mit der Großfamilie erzählen, siehe nebenan, und weitere witzige Begegnungen mit besonderen und sonderlichen Familienmitgliedern hinzufügen.

Moritz erlebt seine Verwandtschaft

Heute ist ein großer Familientag! Die Uroma feiert ihren 75. Geburtstag. Die ganze Verwandtschaft ist eingeladen, über 50 Leute sind gekommen. Die Aufregung ist groß, das spürt auch der kleine Moritz. Etwas schüchtern steht er am Eingang zum festlich geschmückten großen Raum. Wie viele Menschen hier versammelt sind? Und das sollen alle seine Verwandten sein? Ein paar Leute kennt er, zu denen will er gleich gehen. Aber die anderen sind ihm fremd.

Und seine Mama hat ihm gesagt, er müsse allen die Hand geben und „Guten Tag" sagen, weil es alles Verwandte sind, die ihn kennenlernen wollen.

Und überhaupt – wo ist die Mama? Sie wollte doch bei ihm bleiben und ihm etwas über die fremden Menschen erzählen. Jetzt steht sie mitten im Menschengewühle, lacht, schüttelt Hände und umarmt eine ältere Frau.

„Komm her, Moritz!" ruft sie jetzt, „das ist meine Patentante! Wir haben uns ja so lange nicht gesehen. Und dich kennt sie noch gar nicht!"

Fortsetzung
Wem wird Moritz noch begegnen? Fragen Sie die Kinder nach weiteren Verwandten, und erfinden Sie kleine Geschichten-Szenen dazu.

Wichtig: Absprache mit den Eltern

Eine große Verwandtschaft kann für Familien eine Hilfe und Stütze sein. Man trifft sich gerne, freut sich aufeinander und hält zusammen.

Aber es gibt auch Familien, die nichts mehr voneinander wissen wollen, sich aus dem Wege gehen, miteinander streiten. Dazwischen stehen die Kinder.

Wie ist die Situation bei den Familien Ihrer Kinder? Das sollten Sie vorher klären. Deshalb ist es sinnvoll und wichtig, daß Sie zu einem Elternabend einladen, den Eltern von Ihrem geplanten Programm „Großfamilie" berichten, um Unterstützung bitten und auch um Verständnis, wenn die Kinder plötzlich Interesse an der großen Verwandtschaft haben, nachfragen, nachbohren und vielleicht mit ihren Fragen auch unangenehme Erinnerungen aufwühlen.

Es kann vorkommen, daß Eltern aus persönlichen Gründen ganz und gar dagegen sind, daß Sie mit ihrem Kind über Verwandtschaft reden. Was tun? Wenn ersichtlich ist, daß das Kind in großen Konflikt mit seiner Familie kommen wird, sollten Sie auf eine Vertiefung des Themas verzichten. Dem Kind zuliebe. Aber zum Glück kommt das nur sehr selten vor.

Erfahrungsaustausch der Kinder

Wer von den Kindern hat schon einmal ein Treffen mit der großen Verwandtschaft erlebt und kann von seinen Eindrücken erzählen?
Mit Ihren Fragen nach interessanten Begegnungen, nach Stimmungen und Aufregungen oder auch nach lustigen Ereignissen können Sie das Gespräch bzw. die Erzählung des Kindes unterstützen.
Es gilt dabei, auch die anderen Kinder auf ihre Verwandtschaft neugierig zu machen!

Eine Sache beschäftigt die Kinder am meisten, und daraufhin können Sie Ihre Fragen ausrichten:
Die Erwachsenen scheinen sich alle gut zu kennen, die Eltern reden ganz vertraut mit scheinbar fremden Personen, alle sprechen sich mit „Du" an, plötzlich hat man viele Kusinen und Vettern, neue Tanten und Onkels, bei Oma und Opa sitzen noch andere alte Leute, die reden von der Familie von früher und von Familienmitgliedern, die nicht mehr leben.

Das also ist eine Verwandtschaft!
Wollen die Kinder mehr darüber wissen? Dazu können Sie ihnen Interessantes berichten. Anregungen, Spiele und Aktivitäten dazu sind in diesem Kapitel zusammengefaßt.

Eine besondere Stimmung

Familienfeiern

Es gibt typische Familienfeste, bei denen sich die ganze Verwandtschaft einfindet. Kennen die Kinder solche Feste oder Feiern? Es sind Hochzeiten, Taufen, Kommunionen und Konfirmationen und die „runden" Geburtstage, wie zum Beispiel der 60. oder 70. Geburtstag der Großeltern. Auch bei Beerdigungen treffen sich alle Angehörigen der Familie, um den Trauernden beizustehen.

Mit Kakao und Keksen

Und weil diese Familienfeiern für Kinder sehr beeindruckend sind, sollte man ihnen Gelegenheit geben, ausführlich von ihren Erlebnissen bei großen Familienfesten erzählen zu können.
Wie wäre es, dieser Erzählung einen passenden Rahmen zu geben? Zum Beispiel mit Kakao und Keksen? Alle Kinder sind eingeladen, wer zuhören will, setzt sich dazu.

Erzählrunde

Hier eine Idee, wie die Kinder die Gesprächsführung selbst in die Hand nehmen können:
Zwei Körbe stehen in der Mitte, gefüllt mit Bauklötzen und Chiffontüchern. Wer etwas berichten möchte, nimmt einen Bauklotz aus dem Korb und legt ihn erst wieder zurück, wenn er seine Geschichte erzählt hat. So wissen alle Kinder, wer noch an die Reihe kommt.
Und wer von den Zuhörern eine Frage hat, der holt sich während der Erzählung schnell ein Tuch. Jetzt kann der Erzähler genau sehen, wer etwas wissen möchte und die Kinder zum Sprechen auffordern.
Und wieder gilt: Wer an der Reihe war, legt sein Tuch in den Korb zurück.

Auch Sie sollten sich immer wieder ins Gespräch einmischen, zum Beispiel mit Fragen wie diesen:
- Hast du die Aufregung gespürt?
- Wo saß das Brautpaar am Tisch?
- Wer saß neben dir?
- Mit wem hast du gesprochen?
- Waren viele Kinder dabei?
- Hast du auch mit den Großeltern gesprochen?
- Wurde ein Lied gesungen?
- Wurde ein Gedicht vorgetragen?
- Hast du dich wohl gefühlt?
- Was war für dich am schönsten?
- Hat dir etwas nicht gefallen?

Feststimmung

Die Kinder spüren, daß Begegnungen mit der großen Verwandtschaft etwas nicht Alltägliches sind. Die Aufregung steckt an, die Kinder werden ausgelassen – oder schrecken zurück, weil sie mit dieser unbekannten Situation nicht zurechtkommen.

Deshalb hilft es den Kindern, wenn Sie in einem Gespräch auf diese besondere Stimmung hinweisen und mit den Kindern darüber reden. Dazu eine Spielidee:

Stimmungsbilder

Vorbereitung des Spiels
Blättern Sie mit den Kindern in alten Zeitschriften, und suchen Sie Bilder heraus, auf denen Szenen von Familienfesten dargestellt sind. Das können auch Werbefotos sein. Alle Bilder werden grob ausgeschnitten und einzeln auf Fotokarton geklebt.

Spielverlauf
Wer mitspielen möchte, kommt in den Kreis. Ein Kind wählt ein Bild aus und beschreibt, was es darauf erkennt. Dann stellen Sie Fragen, die sich auf die Stimmungslage beziehen, zum Beispiel:
● Wer auf dem Bild freut sich sehr?
● Ist es da langweilig?
● Was ist spannend?
● Welche Stimmung fühlst du beim Betrachten des Bildes?

Nach zwei oder drei Fragen kommt das nächste Kind an die Reihe und sucht sich ein neues Bild aus.

Hinter die Kulissen geschaut

Die Antwort des Kindes entspricht seiner eigenen Stimmungslage. Es projiziert seine eigenen Erfahrungen, Wünsche und Ängste in das Bild. Für Sie eine wichtige Information, um eventuell dem Kind in einem separaten Gespräch helfen zu können.

Da gibt es zuerst einiges zu klären!

Der Familienkreis

Viele Kinder können mit den Bezeichnungen „Verwandtschaft", „Großfamilie" oder gar „Familienangehörige" nicht viel anfangen. Und nicht alle Kinder wissen auch, daß zu ihrer Familie noch weitere Familien dazugehören. Doch es bleibt eine Tatsache: Jede Familie hat eine Verwandtschaft, ob man diese nun kennt oder nicht.
Das verstehen die Kinder, wenn Sie die Spiele ab Seite 102 mit ihnen veranstalten.

Familienangelegenheiten

Sinn dieser Spiele ist nicht, sich in fremde Familienangelegenheiten einzumischen, sondern den Kindern die verwandtschaftlichen Verknüpfungen zu anderen Familienangehörigen bewußt zu machen. Unabhängig davon, ob das Kind seine Verwandtschaft tatsächlich kennt.

Familienbeziehungen

Ist Sybille nun eine Tante oder Mamas Freundin? Miriam weiß es nicht, denn sie sagt zu ihr einfach Sybille.
So ist das heutzutage, viele Kinder reden ihre Tante oder ihren Onkel mit dem Vornamen an. Wer also sind Tanten und Onkel, Kusinen und Vettern?
Machen Sie die Kinder auf ihre Verwandtschaft neugierig. Denn da gibt es für die Kinder Interessantes zu entdecken.

Große oder kleine Verwandtschaft

Wenn man mit den Kindern über Verwandtschaften redet, sollte ein Gedanke aufgefangen werden: Es kommt nicht darauf an, wer die meisten Familienmitglieder und die größte Verwandtschaft vorzuweisen hat, sondern auf die Erkenntnis, daß jeder Mensch mit mehreren Familien verbunden ist, also eine Verwandtschaft hat.

Ratespiel

Und jetzt muntern Sie die Kinder auf, in das Theaterspiel einzusteigen und mitzumachen.

Nach dieser Begrüßungsszene machen Sie mit Ihrem Vorspiel weiter:

„Oh, die Tante Laura sieht ja ganz wie die Tante Julia aus! Wollt ihr wissen, warum?"

Nun, das müssen jetzt alle Mitspieler erraten! Ja, es stimmt, beide Mädchen haben blonde, glatte Haare. Wer von den Kindern hat es herausgefunden? Der darf nun Ähnlichkeiten zwischen zwei anderen benennen. Und wieder raten alle „Familienmitglieder", welche Ähnlichkeit die genannten Personen haben könnten. Ab und zu können Sie sich auch wieder zu Wort melden und neue Gesichtspunkte ins Spiel bringen, zum Beispiel die leise Stimme, die Art des Lachens oder Eigenschaften wie nachdenklich, vergnügt, gutgelaunt, ein Glückspilz, hat ein Supergedächtnis, kann gut zeichnen, singen oder tanzen.

Zum Abschluß des Spieles ziehen alle Onkel und Tanten in einem Reihentanz durch den Raum, begleitet von einer munteren Musik.

Gemeinsamkeiten selbst entdecken

Vielleicht sind die Kinder nach diesem Spiel auf ihre eigene Verwandtschaft so neugierig geworden, daß sie beim nächsten großen Familienbesuch auch solche Ähnlichkeiten herausfinden wollen. Jetzt wissen sie, was es da alles zu beachten, zu beobachten oder zu fragen gibt. Vielleicht können die Kinder jetzt ihre Verwandten in Gespräche verwickeln und sie direkt fragen, was sie gerne machen und ob sie glauben, jemandem ähnlich zu sein.

Ziel erreicht

Sollte das der Fall sein, haben Sie Ihr Ziel erreicht: Sie zeigten den Kindern einen Weg, auf dem sie ihre Verwandtschaft neu entdecken und sicher auch neue Beziehungen zu einzelnen Familienmitgliedern aufbauen können.

113

Die Vorfahren

Da gibt es noch etwas, was den Kindern bei Familientreffen fremd vorkommt. Die Verwandten sprechen über Leute, die nicht mehr leben. Sie nennen diese Vorfahren oder Ahnen. Und einige sprechen über diese Personen, als hätten sie diese gekannt. Das ist für manche Kinder unverständlich, auch ein bißchen unheimlich.

Mancherorts ist es auch Tradition, bei Familienfesten gemeinsam auf den Friedhof zu gehen und die Familiengräber zu besuchen und zu schmücken. Für die Kinder oft ein seltsames Erlebnis, verbunden mit einem komischen Gefühl, das sie lange beschäftigt. Wer ist das, der da begraben ist? Was hat der mit der Familie zu tun?

Ein bißchen Furcht ist auch dabei

Da können Sie den Kindern mit Gesprächen und Erklärungen weiterhelfen, und die Kinder können ihre gemischten Gefühle und unheimlichen Phantasien aussprechen.

Die Ahnenreihe

Wollen die Kinder mehr über Vorfahren und Ahnen erfahren?
Dazu ein paar Anregungen.
Beginnen Sie wieder einmal mit einer Familiengeschichte:
Eltern haben auch Eltern, das sind die Großeltern. (Ja, das wissen die Kinder inzwischen!)
Auch diese Großeltern haben Eltern gehabt. (Na klar, auch das verstehen die Kinder jetzt.)
Die Eltern der Großeltern heißen Urgroßeltern. (Auch das haben die Kinder bereits gelernt.)
Diese Urgroßeltern haben natürlich auch Eltern gehabt – und jetzt wird es interessant: Sie heißen Ururgroßeltern!
Und diese haben auch wieder Eltern gehabt – es sind die Urururgroßeltern!
Auch diese haben Eltern gehabt – und die haben wieder Eltern gehabt – und die auch wieder – und so geht es immer weiter – immer weiter – immer weiter – viele, viele Jahre zurück!
Und das ist die Geschichte von den Ahnen.

Wahre Familiengeschichten

Es ist spannend, wenn alte Leute etwas über die Vorfahren der eigenen Familie zu berichten wissen. Das ist beinahe wie eine Märchenstunde – jedoch viel interessanter, denn es ist alles wahr und Teil der eigenen Familiengeschichte!

Wenn das die Kinder verstehen, werden sie beim nächsten Familientreffen sicher sehr aufmerksam den Geschichten von früher lauschen und Fragen stellen.

Bildbetrachtung

Zeigen Sie den Kindern Fotos von früher oder Abbildungen und Kunstgemälde mit Familienszenen aus früheren Zeiten. Das Leben der Vorfahren kann mit solchen Bildern verständlicher werden. Alles sieht zwar fremd und anders aus, aber die Kinder erkennen und sehen selbst, daß es diese frühere Zeit wirklich gab. Und die eigenen Verwandten lebten in dieser Zeit. Wie spannend! Da gibt es viel zu besprechen:
So haben Vorfahren ausgesehen, solche Kleider trugen sie, solche Frisuren hatten sie. So waren die Küchen, die Wohnräume, die Schlafräume ausgestattet. So sahen damals die Landschaften, die Häuser, die Straßen und Wege aus.

Den mag ich nicht!

Ja, man muß wirklich nicht alle Verwandten mögen, auch wenn sie zur Familie gehören. Darüber mit den Kindern zu sprechen, hat zwei Ziele:
Die Kinder lernen dabei, ihre Gefühle anderen gegenüber zu differenzieren, und sie erwerben ein Verhaltensrepertoire, den vertrauten „lieben Verwandten" unterschiedlich begegnen zu können.

Die Ausgangssituation

Von den Kindern werden oft Artigkeiten verlangt, die denen gar nicht gefallen: Da müssen sie die Backe für Küsse hinhalten oder still stehenbleiben, um umarmt und beknuddelt zu werden, oder sie sollen zulassen, daß jeder sie auf den Schoß nehmen und liebkosen darf – und das alles nur, weil man zur Familie gehört!
Mit der Lieblingstante ist das etwas ganz anderes, mit der mag ein Kind gerne schmusen und Küsse austauschen. Und auch an manchen Opa schmiegt sich ein Kind gerne, weil der so einen weichen Kugelbauch hat.
Aber die Onkel und Tanten, die einen mit ihrer Umarmung nicht mehr loslassen und unentwegt die Backe küssen und knuffen wollen, nein, das gefällt den Kindern gar nicht.

116

Über Gefühle reden

Haben die Kinder selbst schon solche Erfahrungen gemacht und können davon berichten?
Machen Sie die Kinder dabei auch auf die unterschiedlichen Gefühle aufmerksam, um sie in ihren Empfindungen zu bestätigen:
Ja, es gibt Verwandte, auf die man sich sehr freut, weil man sie mag. Und es gibt Verwandte, die einen weniger interessieren und die man nicht so recht versteht.
Doch es gibt auch Verwandte, die man gar nicht leiden kann, denen man lieber aus dem Weg geht, weil sie komisch sind.
Erklären Sie den Kindern auch, daß es unsichere oder gemischte Gefühle gibt. Klare Unterscheidungen der verschiedenen Gefühle können den Kindern helfen, ihre eigenen Empfindungen besser wahrzunehmen und die unterschiedlichen Formen der Zuneigungen deutlicher zu erkennen.

Wählen Sie bewußt einen differenzierten Wortschatz, um diese Unterschiede zu benennen, die Kinder werden von Ihnen schnell lernen.

liebevoll
ängstlich verhaßt schmusig freundlich
unsicher
stolz schüchtern peinlich grob
wütend erschrocken
verletzt
eklig zärtlich enttäuscht fröhlich
glücklich

Vertrauensgespräche

Bestätigen Sie das Kind darin, daß es normal ist, wenn man mit den einen Verwandten besser auskommt und andere weniger gut leiden kann.

Wenn dann ein Kind zögernd zugibt, daß es auch jemanden aus seiner Familie nicht mag, weil er ein bißchen komisch ist, dann sollten Sie dem Kind Zeit und Aufmerksamkeit geben, damit es mehr erzählen kann. Manchmal steckt ein Kind in einem großen Konflikt. Es fühlt sich von einem Erwachsenen bedrängt, kann sich aber nicht wehren; es fühlt sich schuldig und schämt sich, weil es mitgemacht hat; es fühlt sich unsicher, weil es etwas sagt, was es nicht weitersagen darf; es fühlt sich verwirrt, weil es die Person, die es mißbraucht, sogar mag und nicht verraten will.

Fragen Sie deshalb nicht nach bestimmten Dingen, und fragen Sie das Kind nicht aus. Sondern muntern Sie es einfach zum Weitererzählen auf, zum Beispiel mit Worten wie:
Was habt ihr miteinander geredet? Was hast du gesehen? Was war komisch? Was hat dir nicht gefallen?

Wichtig ist vor allem, daß Sie dem Kind zeigen, daß Sie es ernst nehmen und ihm glauben, was immer es erzählt. Weitere Anregungen zur Gesprächsführung siehe Seite 42.

Das können Sie tun

Beobachten Sie das Kind bei seinen Spielen: Haben seine Spiele Gewalt und Geheimhaltung zum Inhalt? Enthalten sie Verhaltensweisen einer Sexualität von Erwachsenen und unterscheiden sich somit deutlich von den kindlichen Ausdrucksformen? Wird ein fröhliches Kind immer bedrückter und zieht sich zurück?
Das alles sind Anzeichen dafür, daß das Kind einem Mißbrauch ausgeliefert ist. Dann sollten Sie handeln.
Inzwischen weiß man, daß ein Mißbrauch der Kinder häufig von Familienmitgliedern ausgeht. Das macht ein Gespräch mit der Familie so schwierig. Deshalb sollten Sie sich mit Ihrem Team besprechen, auch eine Familienberatung konsultieren und um Unterstützung bitten.

Nein, das gefällt mir nicht!

Ein beliebtes Spiel. Zur Einstimmung flüstern Sie leise und schüchtern: „Nein, das gefällt mir nicht!"
Wie wirkt das? Die Kinder sprechen darüber. Dann aber stehen Sie auf und rufen laut und deutlich: „Nein, das gefällt mir nicht!" Was ist jetzt anders? Das finden die Kinder selbst heraus.
Und dann üben alle zusammen so ein lautes, energisches „Nein, das gefällt mir nicht!" Wem das zu laut ist, der hält sich dabei die Ohren zu, aber mitmachen und laut schreien sollte er trotzdem. Auch Sie machen mit und zeigen damit, daß das o.k. ist, so laut ein „Nein!" herauszubrüllen.

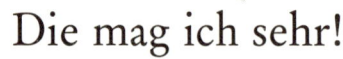

Die mag ich sehr!

Wen von der Verwandtschaft mag das Kind am liebsten? Den engsten Familienkreis einmal ausgeschlossen! So ein Gespräch ist für die Kinder schön und spannend zugleich, da hat jeder etwas zu erzählen.

Treffpunkt Kuschelecke

In einer gemütlicher Sitzrunde in der Kuschelecke macht es noch mehr Spaß, von geliebten Menschen zu erzählen. Wer will dabei sein? Alle sind eingeladen! So oder ähnlich können Sie die Gesprächsrunde einleiten:
„Wen von deinen Verwandten magst du besonders gern? Natürlich Mama und Papa! Und wen noch? Und warum?"
Jedes Kind kann ein Weilchen erzählen. Es geht reihum. Vielleicht ist es diesmal ein dickes, weiches Herzkissen, das derjenige halten darf, der gerade mit Erzählen an der Reihe ist. So ein Kissen haben Sie schnell zusammengenäht – und es wird unter den Kindern ein begehrtes Schmusekissen werden.

Gute Gefühle und liebe Worte

Ob die Verwandten eigentlich wissen, wenn sie von den Kindern so gemocht werden? Nun – wer sensibel ist, der merkt es wohl. Schön wäre es allerdings, wenn das Kind mit dem Erwachsenen auch darüber reden könnte, was vielen schwerfällt, was man aber lernen kann. Dazu die folgenden Spiele. Hier üben die Kinder den sprachlichen Umgang mit ihren Emotionen.
Das tut auch den Kindern untereinander gut und wirkt sich so ganz nebenbei auch positiv auf die Gruppengemeinschaft aus.

Herzen austauschen
Jeder, der mitmachen will, kommt in die Spielrunde und bekommt ein kleines Papierherz in die Hand. Sobald die Musik erklingt, zieht jedes Kind los, wendet sich an einen Mitspieler und sagt ihm etwas Schönes, zum Beispiel:
Du kannst so schön singen. Du hast mich mitspielen lassen. Du hast einen schönen Pullover an. Du hast so schöne schwarze Locken.

Dann muß der andere auch etwas Nettes sagen, die Herzen werden getauscht, beide ziehen weiter und gehen auf ein anderes Kind zu.
Das Spiel ist zu Ende, wenn die Musik verstummt. Dann setzen sich alle Kinder zusammen, und wer will, kann berichten, wie es ihm ergangen ist. Was war schön, was war überraschend?

Durch die Blume gesagt

Alle, die mitmachen wollen, sitzen im Kreis. Diesmal werden die Komplimente reihum weitergegeben, und alle Mitspieler hören zu.

Beginnen Sie und sagen Ihrem kleinen Nebensitzer etwas Nettes und überreichen ihm eine kleine Blume. Nun wendet sich dieser seinem Nebensitzer auf der anderen Seite zu, sagt diesem ein Kompliment und gibt die Blume weiter. So geht es reihum, bis die Blume und ein Kompliment wieder bei Ihnen ankommen.

Dann rufen alle gemeinsam und laut „Vielen Dank!", und das Spiel ist zu Ende.

Interessant ist dabei zu beobachten, wie alle Kinder bei diesem Spiel still und aufmerksam zuhören und sich mit den anderen über die Komplimente freuen, als hätte man es zu ihnen gesagt.

Im Mittelpunkt stehen

Ein Spiel für Geburtstagskinder: Das betreffende Kind sitzt in der Mitte, und alle anderen sagen ihm der Reihe nach etwas Schönes. Weil nicht alle Kinder es aushalten, so im Mittelpunkt zu stehen, von allen angeschaut und beachtet zu werden, sollte das Mitmachen freiwillig sein.

Herzensbastelei

Wenn man jemanden gerne mag, dann will man ihm auch etwas schenken. Hier ein paar Ideen für kleine Herzen-Geschenke, die die Kinder selbst basteln und dann verschenken können, um jemanden darauf aufmerksam zu machen, wie sehr er gemocht wird.

Aus Papier

Aus rotem Tonpapier wird ein Herz ausgeschnitten und mit bunten kleinen Blümchen verziert.

Aus Salzteig

Mit einer Ausstecherform wird ein Herz aus Salzteig ausgestochen. Ist die Form trocken, wird das Herz mit Wasserfarben bunt angemalt und bekommt vielleicht noch schillernde Pailletten aufgeklebt.

Aus Knete

Auf eine Karte aus Dekokarton wird zuerst ein Herz gezeichnet. Darauf werden viele kleine Knetekügelchen gedrückt, bis das Herz ganz mit Knete zugedeckt ist. Man kann noch kleine Glitzerperlen oder Pailletten in die Knete drücken.

4. Kapitel

Treffpunkt
Kindergarten

Eltern sind Partner

Ohne Eltern geht es nicht

Die besten Kindergärten sind die, bei denen eine engagierte Elternschaft den Erzieherinnen zur Seite steht! Wie Sie die Eltern zu einer partnerschaftlichen Zusammenarbeit gewinnen können, dazu finden Sie in diesem Kapitel viele Anregungen.

Unterschiedliche Elterninteressen

Es gibt Kindergärten, da klappt die Zusammenarbeit mit den Eltern bestens. Die Eltern machen eifrig mit, wollen sogar Einfluß auf die Programmgestaltung haben. In anderen Einrichtungen interessieren sich die Eltern überhaupt nicht für die Arbeit im Kindergarten, sind zufrieden, wenn ihr Kind tagsüber versorgt wird, und überlassen alles andere der Erzieherin.
Die eine Elterngruppe muß man beinahe bremsen, vor allem, wenn sie die Arbeit der Erzieherin bestimmen will. Und bei der anderen Elterngruppe muß sich die Erzieherin sehr um einen Kontakt bemühen.

Jede Begegnung ist wichtig

Eltern sollen merken, wie wichtig und ernst der Erzieherin der Kontakt mit ihnen ist und daß sie auf ihre Meinung und ihre Mitarbeit wirklich großen Wert legt.
Wenn Eltern spüren, wie sehr man sich um sie bemüht, dann nimmt auch ihre Bereitschaft zur Mitarbeit zu.
Eine gute Beziehung zu Eltern kann man also planen, bewußt gestalten und gezielt aufbauen – und selber als Erzieherin viel dazu beitragen.

Eltern nicht unterfordern!

Am wenigsten trägt ein Elternabend dazu bei, an dem die Erwachsenen im Gruppenraum in Stuhlreihen sitzen, über Termine informiert und über Erziehungsfragen belehrt werden und vielleicht noch ein bißchen basteln dürfen. Da fühlen sich die wenigsten Mütter und Väter ernst genommen, weil sie normalerweise anspruchsvollere Rollen in ihrem Alltag zu meistern haben als die des artigen Zuhörers. Die Mutter zum Beispiel ist Familien-Managerin, die täglich viele Entscheidungen trifft und den ganzen Familienhaushalt in Schwung hält. Und auch der Vater muß in seiner Berufswelt Bestes leisten, mit handwerklichem Geschick oder in täglichen Auseinandersetzungen mit anderen Erwachsenen.

Eltern sind gleichwertige Partner

Das wichtigste Ziel ist also, mit den Eltern eine gleichwertige Partnerschaft aufzubauen und so eine gute Vertrauensbasis für zukünftige Zusammenarbeit zu schaffen.

Zeit für Eltern

Wer gute Elternarbeit anstrebt, der muß sich Zeit dafür nehmen. Dazu gehört auch die Zeit für ein kleines Gespräch zwischen Tür und Angel.
Die Konsequenz ist, diese Zeit für Elterngespräche im Tagesablauf einzuplanen, zum Beispiel morgens, wenn die Eltern ihre Kinder bringen, und abends, wenn die Kinder abgeholt werden.
Eine Alternative ist, den Eltern Sprechzeiten einzuräumen, und zwar so, daß auch Mütter und Väter, die tagsüber bei der Arbeit sind, davon Gebrauch machen können.

Falsch verstanden!

Wer meint, schon am frühen Morgen die Eltern an der Eingangstüre festhalten zu müssen, um mit ihnen die Verhaltensprobleme ihrer Kinder zu diskutieren, der überrollt und überfordert die Eltern und braucht sich nicht zu wundern, wenn diese weder Zeit noch Lust auf ein Gespräch haben. Diese Eltern werden auch nicht beim nächsten Elternabend erscheinen, weil sie befürchten, daß dann in aller Öffentlichkeit über ihre Kinder gesprochen wird.

Treffpunkt Info-Wand

Was hast du heute gemacht?

Das ist meistens die erste Frage, die die Eltern ihrem kleinen Sprößling stellen, wenn sie ihn vom Kindergarten abholen. Doch der weiß gar nicht, was er berichten soll. Vielleicht daß er ganz lange den Marienkäfer auf seiner Hand beobachtet hat, oder daß er sich heute mit seinem Freund stritt, weil der ihm das Auto wegnahm, oder wie gerne er der Geschichte zuhörte, welche die Erzieherin vorlas? Es gibt so viel zu erzählen, daß manche Kinder gar nicht wissen, wo anfangen – und schließlich überhaupt nichts sagen und nur müde mit den Achseln zucken.

Die Eltern haben dann ein unsicheres Gefühl. Sie wissen nicht, ob sich ihr Kind im Kindergarten wohl fühlt, ob es gut betreut wird, ob es etwas gelernt hat, wie die Stimmung war, was gespielt, gebastelt, gesungen oder erzählt wurde.

Ein Kindergarten braucht also einen zuverlässigen Informationsaustausch mit den Eltern. Denn je besser die Eltern informiert sind, desto größer wird das Vertrauen in die Erzieherin und ihre Arbeit.

Das Wichtigste in aller Kürze

Von der Arbeit im Kindergarten gäbe es viel zu berichten. Was aber tun, wenn die Eltern keine Zeit haben und die Begegnungen nur flüchtig sind?

Da gibt es folgenden Tip: Wie in einem Werbespot muß man mit kurzen, markanten Aussagen die Aufmerksamkeit und Neugierde der Eltern erreichen. Die Kunst besteht also darin, in einem Satz etwas Wichtiges und Interessantes den Eltern mitzuteilen, zum Beispiel:

„Wir machen heute mit den Kindern ...", oder „Heute passiert etwas Besonderes, wir bekommen Besuch von ...", oder „Heute beginnen wir mit etwas Neuem: ..."

Und danach kann die Aufmunterung folgen: „Kommen Sie doch ein andermal rein und schauen sich um, dann erfahren Sie mehr!"

Info-Wand

Diesen Zweck erfüllt auch eine Informations-Tafel. Der beste Platz dafür ist gleich neben dem Eingang, sozusagen im Blickfang. Die Informationen sollten in Themenbereiche unterteilt werden, so kann man sich schnell orientieren und muß nicht immer alles durchlesen. Die Themen könnten mit Linien oder Rahmen voneinander getrennt sein, zum Beispiel mit knallbunten Papp- oder Holzrahmen. Als Untergrund sind Korkplatten praktisch.

Wichtige Themen-Bereiche

WICHTIG FÜR HEUTE:

Das ist die aktuelle Tagesinformation und gibt den Eltern die Gelegenheit, sich rasch über den Ablauf, das Programm und Besonderheiten des Tages zu informieren.

Unsere Arbeit

Hier geht es um langfristige Vorhaben oder Epochenpläne. Die Information bleibt so lange hängen und wird auch ergänzt, bis die Arbeit abgeschlossen ist. Zu dieser Info gehören auch Bemerkungen zur Konzeption, eine Begründung der Themenwahl, interessante Auszüge aus der Literatur und Zeitungsartikel.

Wochenprogramm

Hier werden zum Beispiel aufgeführt: Tagesthemen, ergänzende Themen, besondere Geschichten, neue Lieder, Spiele, die die Eltern zu Hause fortführen könnten, Sonderprojekte.

KINDERECKE

Hier werden Zeichnungen und Bastelarbeiten der Kinder vorgestellt, auch Fotos sind wichtig und ziehen die Blicke der Eltern an. Diese Rubrik sorgt sozusagen für Unterhaltung und kann ergänzt werden zum Beispiel mit originellen Kindersprüchen, altbekannten Kinderreimen oder kopierten Texten aus Lieblingsgeschichten der Kinder.

Termine

Auf dieser Terminliste stehen zum Beispiel: Elternabende, besondere Besuche, Ausflüge, interessante Vorträge der Volkshochschule oder aktuelle Ausstellungen.

Treffpunkt Foto-Wand

Wer ist die Neue?

Schon wieder ist ein neues Gesicht im Kindergarten! Ist es eine Praktikantin, die neue Erzieherin oder eine Mutter, die heute mit den Kindern Kuchen bakken will?

Wie gut, wenn Eltern keine Scheu haben, einfach nachzufragen. Das machen vor allem diejenigen, die oft im Kindergarten ein- und ausgehen. Aber die anderen, die selten Gast des Hauses sind und ihr Kind lieber vor dem Gartentor verabschieden, die sind verunsichert, wenn sie nicht wissen, ob das nun Erzieherinnen oder Mütter sind, denen sie im Haus begegnen.

Das Kindergarten-Team stellt sich vor

Dem kann abgeholfen werden, zum Beispiel mit einer Foto-Wand. Ein Blick genügt, und jeder ist im Bilde und weiß Bescheid, wer wer ist!

Das ganze Kindergarten-Team wird mit Fotos und Kurztexten vorgestellt, von der Praktikantin bis zum Hausmeister, alle Erzieherinnen und die Leiterin, auch die Elternvertreter.

Gut zu wissen

Interessant ist auch, die Personen vorzustellen, die den Kindergartenträger repräsentieren, oder die Personen der Fachaufsicht, die Fachberatung des Kindergartens oder die Vertrauensperson der örtlichen Erziehungsberatungsstelle. Sie alle haben mit dem Kindergarten zu tun, arbeiten in unterschiedlichen Funktionen mit den Erzieherinnen zusammen, unterstützen deren Arbeit, beraten das Team und haben teilweise auch Mitspracherecht bei Entscheidungen.

Es ist für viele Eltern neu und interessant zu erfahren, mit welchen Personen die Erzieherin zu tun hat. Und ebenso erfahren die Eltern auf diese Weise, an wen sie sich selber mit ihren besonderen Fragen oder Problemen wenden können. Gut zu wissen!

Die Foto-Wand

Die Foto-Wand muß zwei Funktionen erfüllen: Zum einen sollen die Eltern, die nur selten in den Kindergarten kommen, über das Personal informiert werden. Zum anderen sollen aber auch die Eltern, die sich öfter im Kindergarten aufhalten, an die Fotowand gelockt werden und Neues entdecken und nachlesen können. Dazu diese Idee:

Fotos

Keine langweiligen Paßfotos nehmen, sondern lustige Schnappschüsse, die immer wieder ausgetauscht werden. Solche Bilder sind viel interessanter: Mal ist die Person allein auf dem Bild zu sehen, mal mit Kindern aus der Gruppe, mit einer Kollegin, beim Ausüben eines Hobbys, das kann auch ein Sommer-Urlaubsbild sein oder ein Bild vom Winterspaziergang. Wetten, daß dann auch die Kinder immer wieder zur Foto-Wand drängen, um die Bilder zu betrachten!

Namen

Der Name genügt. Wer wo wohnt, verheiratet ist und Kinder hat, das möchte nicht jeder der Öffentlichkeit preisgeben. Also besser weglassen! Dafür gibt es andere Aussagen, die ebenso spannend zum Nachlesen sind:

Kommentare

Alle geben zu einem bestimmten Thema eine kurze Stellungnahme ab. Die Antworten werden aufgeschrieben und zum Foto an die Wand gepinnt.

Wie unterschiedlich die Kommentare ausfallen können und wie anregend es ist, diese zu lesen, das zeigt das Beispiel auf dieser Seite zum Thema: „Weihnachtszeit".

Treffpunkt Eltern-Café

Fragen und Antworten

Ein Eltern-Café im Kindergarten?
Ja, und dies wird inzwischen von vielen Kindergärten erfolgreich betrieben.

Worin besteht der Erfolg?
Zum Beispiel darin: Die Eltern haben plötzlich mehr Zeit. Es gefällt ihnen, spontan und zwanglos mit anderen ein Weilchen zu plaudern. Jeder kann kommen und gehen, wann er will.

Wer fordert die Eltern auf, Platz zu nehmen?
Niemand! Die meisten setzen sich hin, um sich eine kleine Kaffee-Pause zu gönnen. Aber dahinter stecken der Wunsch und das Bedürfnis, andere Eltern kennenzulernen und auch mal Probleme mit Gleichgesinnten zu besprechen.

Was gibt es da zu besprechen?
Die Eltern tauschen zum Beispiel ihre Erfahrungen mit Kinderkrankheiten aus, empfehlen gute Ärzte, geben Tips, wie man Kinder abends zum Schlafen bringt, tauschen Adressen von Babysittern aus oder klagen, wie gefährlich der Weg in den Kindergarten ist. So ist schon aus manchem Eltern-Café-Gespräch eine Eltern-Initiative geworden.

Stört das nicht die Arbeit im Kindergarten?
Nein, denn das Eltern-Café ist in einer abgesonderten Nische und meistens im Eingangsbereich oder großen Flur des Kindergartens eingerichtet. Manche Kindergärten geben dafür sogar ihr Besprechungszimmer her.

Wie ist das Café eingerichtet?
Meistens ist es nur ein Tisch mit drei oder vier Stühlen und bunten Sitzkissen. Auf dem Tisch steht eine Thermoskanne mit Kaffee oder Tee. Für die sauberen und gebrauchten Tassen liegen Tabletts bereit.
Es gibt Kindergärten, da ist ein gemütliches altes Sofa die Café-Ecke, und den Kaffeebecher hält man einfach in der Hand.

Und das soll einladend sein?

Ja. In manchen Kindergärten schmükken die Kinder das Eltern-Café immer wieder neu, zum Beispiel mit Zeichnungen an den Wänden oder mit selbstgebasteltem Tischschmuck. Sinnvoll ist auch, an den Wänden Info-Plakate aufzuhängen, wie auf Seite 125 beschrieben, die dann von den Café-Besuchern gelesen werden können und Anlaß geben, mit den anderen Eltern darüber zu reden.

Wie werden die Eltern auf das Café aufmerksam gemacht?

Anfangs muß man mit bunten Plakaten für das Eltern-Café werben. Dicke, rote Pfeile können den Weg dorthin zeigen. Und wenn die Kinder beim Einrichten der Cafés mithelfen, dann werden sie ihren Eltern davon erzählen und ihnen das kleine Café zeigen wollen.

Wer soll das bezahlen?

Eine aufgestellte Kasse wird schnell voll sein, und man kann neuen Kaffee besorgen. Meistens gibt es von zufriedenen Eltern auch eine Spende.

Wer macht den Kaffee?

Anfangs werden die Erzieherin und die Kinder den Kaffee kochen. Was den Kindern übrigens großen Spaß macht! Doch wenn das Eltern-Café zum beliebten Treffpunkt wird, dann bieten auch Eltern ihre Mitarbeit an.

Gibt es nichts zu essen?

Die Kinder haben Spaß daran, immer wieder für das Eltern-Café etwas zu backen. Warum nicht? Manchmal wollen die Kinder sogar ihren Kuchen selber servieren und warten eifrig darauf, bis jemand Platz nimmt. Diesem Eifer kann selten jemand widerstehen, und auch Eltern, die wenig Zeit haben, setzen sich für ein paar Minuten und lassen sich von der kleinen Schar bedienen!

Was ist, wenn der Platz nicht reicht?

Das wäre ja prima, das hieße nämlich, daß das Eltern-Café eine Begegnungsstätte für Eltern geworden ist! Man kann mit den Café-Besuchern besprechen, wie diese Situation verbessert werden könnte. Die Eltern haben gute Ideen – und werden diese selber in die Tat umsetzen, denn es ist ja ihr Café!

Was tun, wenn Eltern zu lange bleiben?

Das ist das beste, was passieren kann und eine gute Gelegenheit, sich dazuzusetzen und mit den Eltern ins Gespräch zu kommen. Vielleicht hat jemand etwas auf dem Herzen und nimmt das Eltern-Café als Anlaufstelle, um mit einer Erzieherin darüber reden zu können?

Treffpunkt Ausstellung

Viele Erwachsene gehen gerne in Ausstellungen, wollen sich informieren, wollen wissen, was es Neues gibt, und mitreden können. Also nutzen wir diesen Aufforderungscharakter einer Ausstellung, das könnte für manche Eltern ein Anlaß sein, zum ersten Mal das Kindergartengebäude zu betreten. Dann werden sie bestimmt auch die Informationstafeln lesen und in die Gruppenräume schauen.

Das ist wieder eine neue Gelegenheit, erste Kontakte mit Eltern zu knüpfen und zu weiteren Besuchen einzuladen.

Und für die Eltern, die sich öfter im Kindergarten aufhalten, ist so eine Ausstellung eine willkommene Abwechslung.

Dazu drei Beispiele, zum Nachmachen oder als Anreiz für neue, eigene Ideen.

Kunstausstellung

Kennen Sie einen Künstler, der Zeit und Spaß hat, mit Kindern zu malen? Vielleicht zeigt er den Kindern seine Bilder, erklärt, was er sich dabei gedacht hat, fragt, was den Kindern beim Betrachten in den Sinn kommt, bespricht, wie die Kinder ähnliche Bilder malen und gestalten können.

Das Ergebnis dieser Aktion wird in einer Ausstellung im Kindergarten präsentiert. Da sind dann die Werke des großen Meisters und der kleinen Künstler zu bewundern.

Auch die Kinderbilder bekommen Passepartouts und schöne Bilderrahmen. Die Wirkung ist beeindruckend!

> So eine Ausstellung bleibt natürlich ein paar Kindergartentage geöffnet, Plakate und eine Notiz in der Tagespresse machen darauf aufmerksam. Klar, daß die Eltern extra Einladungen bekommen. Bei der kleinen Eröffnungsfeier gibt es Saft für die Kinder und Sekt für die Eltern.

Fotoausstellung

Kennen Sie einen guten Fotografen, der Interesse hat, einmal Portraits von Kindern zu machen oder Kinderspielszenen zu fotografieren? Das kann auch ein Vater sein, der Hobby-Fotograf ist. Oder Sie selbst wagen sich ans Fotografieren! Es wäre nicht das erste Mal, daß eine Erzieherin ihre Begabung als Fotografin entdeckt, weil sie den aufmerksamen Blick für echte Kinderszenen hat.

Die besten Fotos werden in Großformate vergrößert, gerahmt oder auf Kartons aufgezogen und zu einer Ausstellung zusammengestellt.

> Und nach der Ausstellung können die Fotobilder samt Rahmen käuflich erworben werden. Vorbestellungen werden angenommen.

Rekord-Ausstellung

Eine verrückte Idee, die die Kinder mit Begeisterung verwirklichen werden! Und die Eltern haben etwas zum Staunen und Lachen und wiederum eine Gelegenheit, anderen Eltern zu begegnen oder mit Erzieherinnen ins Gespräch zu kommen.

Was gibt es bei dieser Ausstellung zu sehen? Die Beispiele hier sind nur ein Anfang, die Kinder werden noch viel verrücktere Ideen haben.

Der höchste Bauklotzturm
Die Kinder tragen alle Bauklötze zusammen, suchen auch nach kleinen Holzresten, und bauen daraus in geduldiger Arbeit einen Turm bis an die Decke.

Die längste Perlenkette
Fleißige Kinderhände fädeln alle Perlen auf, die man im Kindergarten findet, bunt durcheinander, große und kleine, und noch viele selbstgemachte Tonperlen oder kleine Seidenpapierknäuel dazu.

Das größte Leporello-Bilderbuch
Die Kinder malen auf einzelne Kartonblätter Bilder, alle Seiten werden aneinander geklebt und wie ein Leporello gefaltet.

Der größte Hut
Metergroß ist die Hutkrempe, alles aus Pappkarton und bunt beklebt mit Papierblumen.

131

Treffpunkt Elternbücherei

Büchersammlungen

Im Laufe der Jahre sammeln sich in einem Kindergarten viele Bücher an, Fachbücher, Spielbücher, Bastelbücher, Geschichten- und Märchenbücher.
Wie wäre es, die ganze Literatur auch den Eltern als Lektüre zur Verfügung zu stellen?

Elternratgeber

Die Erfahrung zeigt, daß Eltern gerne von dem Angebot Gebrauch machen. Den Eltern geht es dabei nicht nur um das Ausleihen und Lesen von pädagogischen Büchern, sondern auch um die Beratung, aus der schnell ein Vertrauensgespräch werden kann: Die Eltern erzählen, warum sie sich für ein bestimmtes Thema interessieren und warum sie davon betroffen sind.
Lassen Sie sich also diese Arbeit der Buchausleihe nicht nehmen, Sie werden einmalige Chancen haben für intensive Elterngespräche.
Dabei ist für Sie wichtig, daß Sie rechtzeitig erkennen, ob Sie mit Ihrem Wissen und Ihrer Erfahrung die Eltern wirklich beraten können, oder ob eine ausgebildete Familientherapeutin bessere Hilfe leisten würde. Wenn Sie jedoch das Vertrauen der Eltern genießen, dann könnten Sie hier Vermittler sein.

Elternbibliothek

Die vollen Bücherregale stehen meistens im Besprechungszimmer des Kindergartens. Eine offene Tür oder ein großes Plakat könnte die Eltern auffordern, den Raum zu betreten, sich zu setzen und in aller Ruhe die Bücher durchzublättern und auszuwählen.
Oder man stellt an einen anderen Ort extra Bücherregale auf, zum Beispiel im Flur, in einem Nebenraum oder neben das Eltern-Café.
Wer kein Bücherregal hat, kann einfach Bretter an der Wand befestigen oder Holzkisten mit der Öffnung nach vorne aufeinander stapeln oder alte Schränke aufstellen und die Türen aushängen.

Damit das Bücherregal nicht wie eine alte Rumpelecke aussieht, sollten Bretter und Wände bunt angemalt sein. Diese Malerarbeit könnten auch die Eltern beim nächsten Elterntreff übernehmen.

Themengruppen

Die Bücher müssen nach sinnvollen Themengruppen zusammengestellt sein. Eine Idee ist, für die Einteilung Stichworte zu wählen, die den Elternaussagen oder Elternfragen entsprechen, zum Beispiel:

● Wie entwickelt sich ein Kind?
● Kindererziehung ist anstrengend!
● Wir haben Familienprobleme!
● Was kann ich mit meinem Kind zu Hause spielen?
● Ich möchte mit den Kindern basteln!
● Welche Erziehungskonzepte gibt es?
● Wie arbeitet eine Erzieherin?

Sonderausstellungen

Es ist sinnvoll, immer wieder ein aktuelles Thema aufzugreifen und mit einer Sonderausstellung die Eltern dafür zu interessieren, zum Beispiel:

● Wenn Papa arbeitslos ist!
● Wovor Kinder Angst haben!
● Wer ist der liebe Gott?
● Über Oma und Opa
● Was tun, wenn Kinder wütend sind?
● Das muß eine Erzieherin wissen!

So kann man's auch machen

Im Eingangsbereich des Kindergartens ist ein schmaler, hoher Bücherschrank aufgestellt, die beiden Schranktüren sind geöffnet. Über dem Schrank hängt ein buntes Plakat und weist auf die Sonderausstellung hin.

In den Regalen stehen ausgewählte Bücher und liegen Kopien von Fachartikeln.

Ein Regalfach zeigt Bastelarbeiten der Kinder zum Thema der Sonderausstellung, in einem anderen Fach liegen Papiere, Schreibzeug und ein verschließbarer Briefkasten. Mit einem Hinweis werden die Eltern aufgefordert, ihre Meinungen, Überlegungen und Wünsche zu dem Thema aufzuschreiben und in den Briefkasten zu stecken.

Außen am Regal sind rundherum Kinderzeichnungen angebracht, witzige und nachdenkliche Sprüche, ernste und heitere Kinderworte, passend zum Thema.

133

Eltern-Treff

Eine alte Sache

So ist das Programm eines traditionellen Elternabends: Begrüßung – wichtige Termine und Informationen – Vortrag über ein ausgesuchtes Thema – Elternfragen – Basteln. Das kann mit der Zeit recht langweilig werden, für Eltern und für Erzieherinnen.

Neuer Schwung

Wer also keine Elternabende mehr mag, der sollte an diesem Programm etwas ändern oder vielleicht ein Elterntreffen am Spätnachmittag machen, mal mit Zwiebelkuchen, mal mit Sommerbowle, mal mit Grillwürstchen. Auch ein Eltern-Stammtisch ist eine gute Sache oder ein Mütter-Café oder ein Familientag, bei dem auch Großeltern eingeladen sind und mitreden können.

Tips zur Programmgestaltung

- Wichtige Termine nicht vortragen, sondern auf Handzettel kopieren und verteilen.
- Als Sonderthema ein aktuelles Problem wählen, das die Eltern wirklich betrifft.
- Keinen Vortrag halten. Die Eltern diskutieren in Vierergruppen über das Thema, in Kleingruppen verlieren viele ihre Redescheu.
- Alle Gruppen sind aufgefordert, eine Lösung für das Problem zu finden und einen konkreten Vorschlag zu machen.
- Eine Person in jeder Gruppe sollte mit Stichworten die Ergebnisse der Diskussion notieren und später im Plenum davon berichten.
- Zum Schluß gemeinsam mit den Eltern absprechen, was wer bis wann macht. Das gibt allen ein gutes Gefühl, daß wirklich etwas bewegt wird.
- Eine unterhaltende Aktion sollte die Eltern auf das zu diskutierende Thema einstimmen, das könnte zum Beispiel ein Videofilm sein, ein Marionettentheater, ein kleines Hörspiel oder ein kurzes Rollenspiel, in dem die Problematik auf witzige Weise zum Ausdruck kommt, zum Beispiel so: Zwei Erzieherinnen gehen als Putzfrauen verkleidet mit ihren Besen kehrend durch den Raum, unterhalten sich lautstark und tragen dabei kontroverse Thesen zum Thema vor.

NIE MEHR ELTERN-ABEND !

Eine Rallye durch den Kindergarten

Bei so einer Rallye kommen die Eltern in Stimmung, es gibt viel zu lachen, die Erwachsenen lernen sich schnell kennen, und der Anfang zu Elternkontakten ist gemacht. Dazu ein paar Anregungen, die Sie sicher auf weitere Ideen bringen. In jeder Ecke des Gruppenraums und in allen weiteren Räumen sollte etwas Besonderes zum Spielen vorbereitet sein. Die Eltern werden mit Loskarten in kleine Gruppen eingeteilt, Ehepaare müssen getrennt sein, das hat sich bewährt. Jede Gruppe erhält eine Nummer, auch die Rallyestationen sind durchnummeriert. So weiß jede Gruppe, an welcher Station sie beginnen muß. Nach fünf Minuten fordert ein lauter Gongschlag zum Weitergehen auf. Was bei den einzelnen Stationen zu tun ist, ist auf Plakaten nachzulesen, zum Beispiel:

Bauklotzecke
Bauen Sie eine große Burg. Die nächste Gruppe baut einfach weiter.

Puppenecke
Die Puppenkinder bereiten sich auf ein Puppenfest vor, sie wollen schöne Kleider tragen und einen festlichen Kaffeetisch haben. Helfen Sie mit.

Maltisch
Alle zusammen malen mit Fingerfarben 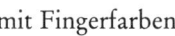 ein Bild, am besten eine Märchenszene. Am Waschbecken kann die Farbe leicht wieder abgewaschen werden.

Knetetisch
Formen Sie mit Ton oder Knete ein Tier für den kleinen Zoo.

Spielzeuglandschaft
Mit Häusern, Bäumen, Tieren, Autos, und was sonst noch alles in den Schubladen zu finden ist, soll auf dem Tisch eine Spielzeugstadt entstehen. Jede Gruppe baut etwas dazu.

Werkraum
Basteln Sie ein Phantasietier. Das Material dazu liegt in den Kisten und Schubfächern.

Kuschelecke
Nehmen Sie Platz, strecken Sie sich gemütlich aus, setzen Sie einen Kopfhörer auf, schließen Sie die Augen und genießen.

Märchenstuhl
Wer liest gerne vor? Der setzt sich in den Märchenstuhl und liest den anderen aus dem Buch etwas vor.

Großeltern-Treff

Inzwischen Tradition geworden

Der Oma-Opa-Tag ist in vielen Kindergärten längst zur Tradition geworden. Alljährlich werden die Großeltern eingeladen und bewirtet. Bei Kaffee und Kuchen erzählen die Großeltern Geschichten von früher, die Kinder singen Kinderlieder, die Großeltern summen leise mit, dann werden Spiele aus Großmutters Zeiten gespielt, und zum Schluß wird von den Kindern ein kleines Theaterstück aufgeführt.

Neue Wege gehen

Doch was wissen die Kinder wirklich von den alten Menschen? Und was wissen die Alten von den heutigen Kindern? So ein Treffen sollte nicht nur ein Kaffee-, Spiel- und Vorführnachmittag sein. Alt und Jung können mehr miteinander anfangen und mehr voneinander lernen. Vor allem sollten die Klischees von den Großeltern, die sitzen und staunen, und von den Kindern, die singen und tanzen, dringend durch andere Erlebnisse und Erfahrungen korrigiert werden.

Alt und jung lernt voneinander

Die Senioren haben ein langes Leben gemeistert, waren in ihren Berufen kompetent und erfahren, haben viel gelernt und besitzen ein reiches Wissen, können handwerkliche Techniken ausführen, die oft ein junger Mann nicht mehr beherrscht. Sie kennen viele Tips und Tricks im Umgang mit Dingen und Materialien, mit Natur und Technik, mit Tieren und Pflanzen. Sie kennen Kräuter, die heilen, und Geschichten, die trösten. Sie wissen viele Kleinigkeiten, die man in einem langen Leben erfahren und beobachten kann. Sie antworten auf Kinderfragen ehrlich, wollen nichts verbergen und nichts verschönern.
Kurzum, sie sind die besten Gesprächspartner, die sich Kinder wünschen können.

Aber auch die Jungen können den Alten etwas vermitteln. Kinder sind unendlich neugierig auf die Welt, die Menschen und die Natur, ihr Wissensdurst ist groß. Ihr Lachen, ihre Zuwendung und Freude sind offen und ehrlich, das Staunen und Wundern und Phantasieren grenzenlos. So zeigen die Kinder eine Lebensfreude, die ansteckend ist, die fröhlich macht, loslöst von düsteren Gedanken und auch den Alten wieder andere, neue Lebensperspektiven zeigt.

Wir sollten den beiden Generationen viel Gelegenheit geben, einander zu treffen. Dabei geht es nicht um die eigenen Großeltern, sie wohnen meistens viel zu weit weg, sondern ganz allgemein um Begegnungen mit alten Menschen. Überlassen wir es also den Alten und Jungen selber, wer mit wem reden will. Dazu ein paar Anregungen.

Einfach mal beginnen

Sprechen Sie persönlich alte Personen an, die in der Nähe Ihres Kindergartens wohnen, und laden Sie diese zu einer Tasse Kaffee ein. Die Kinder mit ihrer Spontaneität und Kontaktfreude werden ihr übriges dazutun.

Bereiten Sie mit den Kindern diese erste Begegnung vor. Die Kinder können überlegen, was sie den Ehrengästen zeigen und welche Fragen sie stellen wollen.

Bestimmt gefällt es den Senioren im Kindergarten, und sie werden versprechen, bald wiederzukommen, und vielleicht noch jemanden mitbringen.

Der Anfang wäre geschafft – und das Ziel, daß die Senioren eines Tages ganz selbstverständlich im Kindergarten aus- und eingehen, rückt näher.

Was die Senioren alles können

Das könnte auch in Ihrem Kindergarten passieren:

Herr Schubert legt mit den Kindern draußen im Garten ein Gemüsebeet an.

Frau Bauer liest gerne Geschichten vor, und die Kinder überreden sie, daß sie vor jedem Einkaufen zuerst im Kindergarten vorbeikommen und die Fortsetzungsgeschichte vorlesen soll.

Herr Hausmann bringt seine Videokamera mit und dreht mit den Kindern einen Videofilm. Es wird der Filmhit, der wochenlang von Eltern ausgeliehen wird.

Frau Cotta lehrt die Kinder kochen, so daß sie Spaghetti sogar mit Salat zubereiten können.

Frau Dengler ist sehr geduldig, deshalb schließen die Kleinen sie besonders ins Herz. Wenn sie kommt, dann wird ewig lange das gleiche Spiel gespielt: „Ich seh' etwas, was du nicht siehst".

Herr Schulz war früher Tischler und hat großen Spaß daran, mit den Kindern den Werkraum neu einzurichten.

Elterninitiativen

Die Kindergartentore werden geöffnet

Wer den Kontakt mit den Eltern nicht scheut, sondern sucht, und den Eltern viele Anlässe gibt, sich im Kindergarten aufzuhalten, der wird bald spüren, wie hilfreich es ist, eine starke Elternschaft zur Seite zu haben. Die Zeit, der Aufwand, die Kraft und das Engagement, das man anfangs einsetzt, um mit den Eltern eine gute Beziehung aufzubauen, das alles wird später belohnt mit einer tatkräftigen Elterngruppe, die bei Alltagsangelegenheiten zur Hand geht und bei Problemen hilft.

Auf dieser Seite sind weitere Beispiele aufgeführt, die erprobt sind und zeigen, wie Elternarbeit intensiviert und fortgeführt werden kann. Es sind Aktivitäten, die die Eltern selbständig durchführen. Vom Kindergarten werden nur die Räume zur Verfügung gestellt – und Sie als Erzieherin können sich mal da, mal dort dazugesellen.

Tauschbörse

Einmal im Monat treffen sich interessierte Eltern und tauschen aus, wer Hilfe braucht und was er als Gegenleistung anbieten kann. So werden beispielsweise getauscht:
Reparaturdienste gegen Babysitting, Sprudelkistenschleppen gegen Vorlesestunden, Kinderwagen gegen Kinderski, Flötenunterricht gegen Malerarbeiten.
Alle Angebote und Nachfragen sind samt Adressen auf Karteikarten geschrieben und werden von einer Person verwaltet.

Eltern helfen Eltern

Der Familienclub des Kindergartens macht sich zur Aufgabe, Familien in Not zu helfen. Zwei Vertrauenspersonen laden wöchentlich zu bestimmten Zeiten zu Gesprächen ein. Wenn es sinnvoll ist, kommt auch eine Fachberatung dazu. Es werden Probleme besprochen wie zum Beispiel Scheidung, Trennung, Umzug, Krankheiten oder Arbeitslosigkeit. Gemeinsam wird nach Möglichkeiten gesucht, wie andere Familien unterstützend helfen können. Vor allem geht es dabei um die Kinder und was man tun kann, damit diese eine problematische Familiensituation gut überstehen.

Elternverein

Viele Kindergärten haben einen Elternverein, der als unabhängige Organisation den Kindergarten vor allem finanziell unterstützen kann. Wer einen Elternverein gründen möchte, muß einiges bedenken und klären. Auskunft darüber gibt die jeweilige Stadtverwaltung, ebenso das Finanzamt mit der Informationsschrift „Steuerwegweiser für gemeinnützige Vereine", der Kindergartenträger oder der Fachberater der Kindergärten.

Ein Elternverein kann als Förderverein sogar mit öffentlichen Mitteln unterstützt werden.

Secondhand-Markt

Der Markt findet auf der Kindergartenwiese oder in Gruppenräumen des Kindergartens statt. Wer mitmachen will, bekommt einen Platz zugeteilt und kann dort seine Waren auslegen. Verkauft werden Kinderkleider, Spielsachen, Bilderbücher, Kindersportsachen, Kinderbasteleien und anderer Schnickschnack, den Kinder toll finden. Die einzige Bedingung ist, daß es Sachen für Kinder sind.

In einigen Kindergärten wird der Erlös dem Kindergarten gespendet. Davon können dann Bücher, Spielsachen und Bastelmaterial gekauft oder der nächste Ausflug finanziert werden.

Elternkurse

Abends und an Wochenenden, wenn die Räume im Kindergarten leer stehen, ziehen die Eltern ein. Das Kursprogramm ist vielseitig und wird von einem Elternausschuß geplant und organisiert. Hier ein paar Angebote von Elternkursen, zur Nachahmung empfohlen:

- Koch-Kurs für Väter
- Autopannen-Kurs für Mütter
- Baumschneidekurs für Gartenbesitzer, dabei werden auch gleich die Bäume im Kindergarten richtig geschnitten
- Rückengymnastik für Mütter und Großmütter
- Theaterspielgruppe, Tanzmusik und Flötenquartetts
- Vortragsreihe eines Kinderärzte-Teams über Kinderkrankheiten
- Info-Abend der Erziehungsberatung über Aktuelles wie Suchtprobleme und Gewalt bei Kindern.

Eltern-Stammtisch

Am beliebtesten ist der Eltern-Stammtisch, an dem Erfahrungen und Tips ausgetauscht werden, zum Beispiel Spiele für den Kindergeburtstag, oder Tips, wie man ein Familien-Weihnachtsfest gestaltet, was die Kinder zum Jubiläum der Großmutter aufführen könnten und wie man mit anderen Familien gemeinsam Urlaub machen kann.

Kindergärtner

Text und Melodie: Gerhard Schöne, 1986

Komm ich noch mal auf die Er - de, möcht ich
Erst mal führ ich bei den Klei - nen ein paar

Kin - der - gärt - ner sein, denn die Mi - ni - ster - po - sten
Neu - er - un - gen ein, statt Be - schäf - ti - gung er -

wär'n an Frau'n ver - ge - ben.
pro - ben wir das Le - ben.

Kei - ner braucht mehr nach der Grö - ße Pla - stik - wür - fel zu sor - tier'n,

doch in Ko - se - wor - ten soll'n sie sich aus - ken - nen.

Nicht mehr stur in Zwei - er - rei - he durch die Häu - ser - zeil'n marschier'n,

son - dern bar - fuß ü - ber nas - se Wie - sen ren - nen.

Komm ich noch mal auf die Erde, möcht ich Kindergärtner sein,
denn die Ministerposten wär'n an Frau'n vergeben.
Erst mal führ ich bei den Kleinen ein paar Neuerungen ein,
statt Beschäftigung erproben wir das Leben.
Keiner braucht mehr nach der Größe Plastikwürfel zu sortier'n,
doch in Koseworten soll'n sie sich auskennen.
Nicht mehr stur in Zweierreihe durch die Häuserzeil'n marschier'n,
sondern barfuß über nasse Wiesen rennen.

In der Woche einmal Fasching, wo man sich verkleiden kann.
Jeder darf sich einmal als Prinzessin fühlen.
Jeder darf mal „Hans im Glück" sein, jeder ist als Esel dran.
Jeder muß einmal das Aschenputtel spielen.
Öfters spielen wir Familie und natürlich Ehestreit,
mittendrin wird dann der Rollentausch beschlossen.
Spielend lösen sie Probleme, jedem tut der Fehler leid.
Und zu Hause zeigen sie es dann den Großen.

Unsern Kindergarten bauen wir nach eignen Plänen aus.
Jeder darf Entwürfe malen oder kneten.
Über'n Flur 'ne Hängebrücke, einen Dschungel vor das Haus.
Das Revier ist nur von Kindern zu betreten.
Kuschelecken, Hängematten, mit viel Zubehör daran,
dann gibt es zur Mittagsruhe kein Gejammer.
Einen kleinen Matschetümpel, wo man sich beschmeißen kann,
und zum Märchenhören eine Bodenkammer.

Krieg zu spielen wird verpönt sein, denn dann ist es allen klar,
kein Erfolg ist heute mehr mit Krieg zu machen.
Alle Feste dieser Erde feiern wir das ganze Jahr,
zieh'n Girlanden, backen Kuchen, bauen Drachen.
Heute Rentierfest der Lappen, übermorgen 1. Mai,
Jolka und das Regenfest der Afrikaner.
Wir verschicken bunte Grüße nach Havanna, nach Shanghai
und zum Kirschbaumfest der freundlichen Japaner.

Komm ich noch mal auf die Erde, möcht ich Kindergärtner sein.
Niemals braucht ein Kind um meine Gunst zu buhlen,
hätte keine Norm für alle, ginge gern auf jeden ein,
und ich schriebe keine Akte für die Schulen.
Doch von ihnen möcht ich lernen, mich zu geben, wie ich bin,
wieder Weinen lernen, Lachen und Erschrecken,
ungestellte Fragen stellen ohne List und Hintersinn,
Unbekanntes und mich selber zu entdecken.

143

Erziehungsziel	Selbständigkeit und Autonomie, emotionale Intelligenz und soziale Kompetenz
Zielgruppe	Kinder von 4 bis 8 Jahren
Lesergruppe	interessierte und engagierte ErzieherInnen, LehrerInnen und Eltern
Inhalt	Erlebnisse, Spiele, Lieder, Bastelsachen, Aktivitäten, Phantasien, Geschichten, Nachdenkliches, Spaßiges zur Förderung der Ich-Stabilität und des Sozialverhaltens der Kinder

Band 1 **Ich**
Kinder werden selbstbewußt und tolerant.
Spiele, Lieder, Bastelsachen zur Förderung
und Entwicklung des sozialen Verhaltens
ISBN 3-451-26778-0

Band 2 **Ich und meine Freunde**
Kinder werden selbstbewußt und tolerant.
Spiele, Lieder und Erlebnisse zur Förderung
des sozialen Verhaltens in der Kindergruppe
ISBN 3-451-26969-4

Band 3 **Ich und meine Familie**
Kinder werden selbstbewußt und tolerant.
Spiele, Lieder und Erfahrungen für das
Zusammenleben der Generationen
ISBN 3-451-22273-6

Band 4 **Ich und die anderen**
Kinder werden selbstbewußt und tolerant.
Spiele, Lieder und Verhalten bei Begegnungen
mit fremden Menschen
ISBN 3-451-22274-4
ET: 2. Halbjahr 1999

HERDER   Im Buchhandel erhältlich!